大悟の法

常に仏陀と共に歩め

大川隆法

まえがき

私の「法《ほう》シリーズ」としては、本書は第七巻目にあたる。著者渾身《ちょしゃこんしん》の一冊《さつ》である。私の本を読み続けている人にとっては、ズシッとした、確《たし》かな重みと手ごたえがあるであろう。初学者《しょがくしゃ》にとっても、「悟《さと》りと許《ゆる》し」の本論《ほんろん》に斬《き》り込《こ》んだ本書は、著者の情熱《じょうねつ》の書《しょ》として受けとめられることだろう。

私は、仏教の根本命題《こんぽんめいだい》である「上求菩提《じょうぐぼだい》・下化衆生《げけしゅじょう》」の一念《いちねん》を、この書に託《たく》したのである。どうか涙《なみだ》が流れるまで読み込んでほしい。とりあげたテーマはたとえ難《むずか》しくとも、これ以上わかりやすく、かつ、現代的に説くことは、プロの宗教家としては至難《しなん》の業《わざ》である。しかも、私の教えは、人生の疑問《ぎもん》への結論《けつろん》に満《み》ち満《み》ちている。

「大悟《だいご》」とは、仏教的には、「すべての迷《まよ》いを打ち破《うやぶ》り、絶対《ぜったい》の真理《しんり》と不二《ふに》になること」をいう。しかし本書では、あなたにも可能《かのう》な、「深く大きな悟《さと》りをひらくこと」という意味で、「大悟（たいご）」という言葉を使うこととする。この優《やさ》しくて奥深《おくぶか》い響《ひび》きを、読者《あなた》と共有《きょうゆう》したいからである。

二〇〇二年　十二月

幸福《こうふく》の科学《かがく》グループ創始者兼総裁《そうししゃけんそうさい》　大川隆法《おおかわりゅうほう》

大悟の法　目次

第2章　罪《つみ》を許《ゆる》す力

――自分と他人を許す勇気を

第3章　仕事能力と悟《さと》り
――多くの人々を幸福にする人間となるには

第5章　常《つね》に仏陀《ぶっだ》と共《とも》に歩《あゆ》め

――心の法則を学び、それを実践《じっせん》して生きる

第1章

敵《てき》は自分の内にあり

——心に支配されることなく、心を支配せよ

1　信ずることによる解脱《げだつ》

なぜ青年は殺人鬼《さつじんき》となったのか

「敵《てき》は自分の内にあり」という話をしていきます。おもに「心の主《あるじ》となる」ということへの導《みちび》きの話になるでしょう。

まず、インドのことから話を始めましょう。

仏教教団の二大拠点《きょてん》の一つである祇園精舎《ぎおんしょうじゃ》は、コーサラ国の首都シュラーヴァスティー（舎衛城《しゃえじょう》）にありました。

ただ、それは昔の話であり、現在のシュラーヴァスティーは廃墟《はいきょ》と化し、観光業を生業《なりわい》としている一部の人たちを除《のぞ》けば、住む人とてないありさまで、「諸行《しょぎょう》無常《むじょう》」の言葉さながらの現実になっています。

祇園精舎の跡《あと》へ行ってみると、目測《もくそく》で七千から八千坪《つぼ》ぐらい（約二万坪との説あり）の、緑溢《あふ》れる公園のなかに、レンガ造《づく》りの精舎跡があり、そこに釈尊《しゃくそん》の説《せっ》法壇《ぽうだん》なども遺《のこ》っています。これはサヘートの遺跡《いせき》と呼《よ》ばれています。

このサヘートの精舎跡から一キロも離《はな》れていないところに、マヘートという仏《ぶっ》跡《せき》があり、そこにはアングリマーラという人のストゥーパ（墓《はか》）があります。ストゥーパというと、小さなものを考えがちですが、これはけっこう大きなものです。「どうして、このような所に、アングリマーラのストゥーパが、これほど大きなものとして遺っているのだろう」と、一瞬《いっしゅん》、違和感《いわかん》を覚えるぐらいです。

祇園精舎を舞台《ぶたい》に、仏弟子《ぶつでし》たちのいろいろなドラマがあったなかでも、このアングリマーラという人は、シュラーヴァスティー出身の仏弟子として有名な人だったため、後世《こうせい》、地元の人々がずいぶん祀《まつ》っていたようです。

アングリマーラとは、どのような人物だったのでしょうか。

アングリマーラは、よく「指鬘外道《しまんげどう》」とも訳《やく》されていますが、もともとはアヒンサカ（アヒンサともいう）という名前だったと言われています。アヒンサカというのは、「無害」「害がない」という意味（「無悩《むのう》」とも訳せるが）なので、その意味から見て、これも、あだ名か、あとで付けられた名ではないかと思います。

このアヒンサカは、シュラーヴァスティーに住むバラモン（当時の僧侶《そうりょ》階級）の名士のところに弟子《でし》として入門し、先生の自宅《じたく》に住み込《こ》んで修行《しゅぎょう》していました。彼《かれ》は美貌《びぼう》の青年で、聡明《そうめい》でもあり、バラモン学徒として将来《しょうらい》を嘱望《しょくぼう》されていました。

あるとき、先生の外出中、アヒンサカは先生の妻《つま》から誘惑《ゆうわく》されました。しかし、「自分は修行中の身であり、師《し》の妻は母に等《ひと》しい。そんなことは思いも寄《よ》らない」と、その誘惑を退《しりぞ》けました。

ところが、退けられた中年女のほうは、プライドを傷《きず》つけられ、我慢《がまん》がなりません。そこで、女性特有の方法で復讐《ふくしゅう》をしました。主人のバラモンが帰ってくると、彼女《かのじょ》は自分の下衣《したごろも》を破《やぶ》り、スカートを裂《さ》いて、泣《な》きながら、「アヒンサカが私に乱暴《らんぼう》しようとしました」と訴《うった》えたのです。

バラモンは逆上《ぎゃくじょう》しました。しかし、彼は、「自分は指導者の身なので、相手を殴《なぐ》ったり蹴《け》ったりはできない」と思い（体力的にかなわないと思ったとの説あり）、「策略《さくりゃく》でアヒンサカを破滅《はめつ》させてやろう」と考えました。

そして、アヒンサカに対して、「おまえはよく修行をした。そこで、もう一つだけ、おまえに修行のテーマを与《あた》える。これを完成したならば、おまえは悟《さと》ることができ、奥義《おうぎ》が与えられ、免許皆伝《めんきょかいでん》となる。やってみよ」と言って、剣《けん》を渡《わた》し、あることを命じたのです。

それは、「これから、毎日、街《まち》に出て人を殺すのだ。全部で千人の人を殺せ。

そして、一人から指を一本ずつ切り落として飾《かざ》りをこしらえるのだ」というものでした。

千人と書いてある文献《ぶんけん》が多いので、それを採《と》りますが、百人という説もあります。実際には、一人で千人を殺すのは大変なので、千人というのは、大袈裟《おおげさ》なインド的表現と見てよいと思います。もちろん、百人でもなかなか大変です。

ただ、アングリマーラはかなりの凶賊《きょうぞく》として名が遺っているので、ある程度の数の人はあやめたのだろうと思います。

シュラーヴァスティーの街では、夜《よ》ごと、鬼《おに》のような人物が出てきて、人を殺していくのですから、人々は大恐慌《だいきょうこう》です。

アヒンサカは、人を殺しては、その指を切り、切った指を束《たば》ね、首飾《くびかざ》りをつくっていきました。彼は、その首飾りをかけて人殺しをしたので、アングリマーラ（指鬘外道《しまんげどう》）と呼ばれたのです（指《ゆび》の鬘《かずら》で指鬘《しまん》という）。

伝説では、「アングリマーラは九百九十九人を殺し、あと一人となったとき、最後の千人目に、とうとう自分の母親をあやめようとした」と言われています。

仏陀《ぶっだ》の一喝《いっかつ》

仏陀《ぶっだ》・釈尊《しゃくそん》は、この迷《まよ》える青年を救《すく》おうとしました。教誨《きょうかい》して、悔《く》い改《あらた》めに導《みちび》こうとしたのです。

街の人々は、夜《よ》な夜な殺人鬼《さつじんき》が出るということで、戦々恐々《せんせんきょうきょう》でした。そこで、仏陀は、「私が調伏《ちょうぶく》しよう」と、祇園精舎から出て、生きた悪魔《あくま》、アングリマーラのもとへ向かいました。

そのとき、アングリマーラは、マンターニーという名の、自分の母親を殺そうと思って殺気立《さっきだ》っていたのですが、仏陀が歩いてくるのを見て、「こいつを殺そう」と思い、刀を振《ふ》り上げ、仏陀に迫《せま》ろうとしました。

ところが、いくら追いかけても、神通力《じんつうりき》で仏陀が滑《すべ》るように動いていってしまうため、追いつけないのです。「おかしいな」と思ったアングリマーラは、大声で「止まれ」と言いました。

すると、仏陀は、くるっと振り向きざま、「私は止まっている。動いているのは、おまえのほうだ」と言ったのです（「私は停止《ていし》している。アングリマーラよ、汝《なんじ》も停止するがよい」ともいう）。

禅問答《ぜんもんどう》のような言葉をかけられ、アングリマーラは訳《わけ》が分かりません。「自分は追いかけていたのに追いつけなかったのだから、相手が動いていないわけはないのだが、相手は、『私は止まっている。動いているのは、おまえのほうだ』と言っている。そんなことがあるのだろうか」と、きょとんとしてしまいました。

アングリマーラは禅的な一転語《いってんご》を与えられたのですが、この辺を見ると、仏教の流れのなかで禅宗《ぜんしゅう》が出現した理由も分かります。

ここで仏陀が言いたかったことは、どのようなことでしょうか。

もちろん、仏陀は物理的には歩いていたのでしょう。しかし、仏陀の言葉は、「私の心はまったく動いていない。動いているのは、おまえの心である」という意味だったのです。

「私の心は凪《な》いでいる。凪いだ海のように、あるいは凪いだ湖面のように、波一つ立たない静かな境地《きょうち》である。

ところが、おまえの心は荒波《あらなみ》のように波立っている。怒《いか》り狂《くる》っていて、見境《みさかい》がない。『あと一人殺せば千人になる』ということで、相手が母親であろうが、誰《だれ》であろうが、人間を見れば血眼《ちまなこ》になり、阿修羅《あしゅら》の心になって、炎《ほのお》のように燃《も》えている。

私の心はまったく動いていない。動いているのは、実はおまえの心である」

これが、仏陀の言いたかったことなのです（仏陀には害心《がいしん》がないが、アングリマーラには害心があることのたとえと取ってよい）。

アングリマーラは、仏陀の一転語の持つ一種の法力《ほうりき》、威神力《いじんりき》を受け、「こんなことは初めてだ」と、わなわなと震《ふる》え、地に伏《ふ》してしまいました。

仏典《ぶってん》はかなり神話的色彩《しきさい》に彩《いろど》られているので、「このとき、アングリマーラは、突如《とつじょ》、髪《かみ》の毛が抜《ぬ》けて剃髪《ていはつ》の頭になり、着物は袈裟衣《けさごろも》になった」とされています。

現在、これを信じる人はいないでしょうが、これは、急に回心《えしん》して出家《しゅっけ》した、アングリマーラの心境《しんきょう》の変化を象徴《しょうちょう》した表現だと思います。

「ああ、お許《ゆる》しください。私を弟子にしてください」

アングリマーラは地に伏して五体投地《ごたいとうち》のような姿《すがた》を取り、仏陀に帰依《きえ》しました。

九百九十九人（別説によれば九十九人）を殺し、残りの一人を追い求めていた人が、仏陀の一喝《いっかつ》により、はらはらと涙《なみだ》を流し、自分の前非《ぜんぴ》を悔《く》いて、「教団に入れてください」と言ったのです。

「よろしい。ついてきなさい」

仏陀はアングリマーラを教団に入れました。

石を投げられながらの修行《しゅぎょう》

アングリマーラの出家を知り、収《おさ》まらないのはシュラーヴァスティーの街の人々です。「新興《しんこう》の釈迦《しゃか》教団は人気があり、人も大勢《おおぜい》集まっているが、なんと、殺人鬼のアングリマーラを弟子にした」と、大騒《おおさわ》ぎになったのです。

そのころ、コーサラ国のプラセーナジット（波斯匿《はしのく》）王は、「あまりにも凶暴《きょうぼう》な悪人が出没《しゅつぼつ》するので、街の治安のために、なんとか捕《と》らえてほしい」という声を受け、軍隊を率《ひき》いて、アングリマーラを捕らえに来ていました。

やがて、王は仏陀《ぶっだ》とその弟子たちに出会いました。

仏陀が訊《き》きました。

「王よ、何をしているのですか」

「アングリマーラという凶賊《きょうぞく》がいるので、捕らえに来たのです」

「アングリマーラでしたら、私の後ろにいます」

王が見ると、アングリマーラは剃髪《ていはつ》をし、出家していました。

そのため、王は、「いくら凶悪《きょうあく》な者だったとしても、仏陀の弟子になったのであれば、捕《つか》まえるわけにはいかない。むしろ供養《くよう》しなければならない」と考えて、引き返しました。

ところが、街の人々はアングリマーラを許《ゆる》しません。身内を殺された人がたくさんいるので、「あんな者を許せるか。釈迦教団はけしからん」という声が、次から次へと起きました。

アングリマーラは、街へ托鉢《たくはつ》に出ると、人々から石をぶつけられ、血を流して帰ってきます。

「私は、托鉢に出てもお布施《ふせ》が頂《いただ》けず、逆《ぎゃく》に石を投げられます」

アングリマーラが泣きながら訴えると、仏陀は次のように教えました。

「おまえはいま、過去《かこ》の罪《つみ》を滅《ほろ》ぼすために、尊《とうと》い修行《しゅぎょう》をしているのだ。耐《た》えよ」

それを聞いたアングリマーラは、血を流しながらも修行を続け、やがて、だんだん認《みと》められていきました。

難産《なんざん》の女性を救《すく》う

あるとき、アングリマーラが托鉢に出かけると、一人の女性が難産《なんざん》で苦しんでいました（アングリマーラの顔を見て、恐怖《きょうふ》に陥《おちい》り、お産ができなくて苦しんだとの説もある）。

そこで、アングリマーラは仏陀の所に帰ってきて言いました。

「ある女性が難産で苦しんでいます。子供《こども》がなかなか生まれなくて大変なようです。どうすればよいのでしょうか」

仏陀は答えました。

「私がおまえに偈《げ》を与えるから、その女性の所へ行って、その偈を唱《とな》えなさい。そうすれば無事《ぶじ》に出産できるだろう」

偈とは、仏法《ぶっぽう》の心を短い言葉で表《あらわ》した詩句《しく》、詩歌《しいか》のことです。

仏陀はその偈を唱えました。

「生まれてよりこのかた、一度も命《いのち》をあやめたことのない私の功徳《くどく》の力により、この母子《ははこ》は安からん」

この偈は、「生まれてから一度も、生命《せいめい》あるものを殺したことのない私の功徳の法力《ほうりき》によって、この母と子は祝福《しゅくふく》されて、安らかなお産ができるだろう」という意味です。

それを聞いて、アングリマーラは驚《おどろ》きました。

「私が九百九十九人もの人を殺したことは、知らない人がいないぐらい有名です。その私が、『いまだかつて命をあやめたことはない、尊い修行をしてきた自分の法力で、母子を安んじよう』と言うのは、妄語《もうご》に当たるのではないでしょうか。私には、とてもそのようなことは言えません。

また、清い高僧《こうそう》が言ったのならばともかく、悪人だった私が言っても、誰も信じないでしょうから、功徳もないのではないでしょうか」

しかし、仏陀は、「私の言ったとおり唱えてみなさい」と言いました（アングリマーラが如来《にょらい》の子になってから一人も殺さない、という現実的な意味を仏陀が説示《せつじ》した、との説あり）。

仏陀にそう言われたので、アングリマーラはその女性の所へ行き、「生まれてよりこのかた、一度も命をあやめたことのない私の功徳の力により、この母子は安からん」と唱えました。そうすると、無事に子供が生まれたのです。

悟《さと》りには過去《かこ》の罪《つみ》を清める力がある

これは、「過去《かこ》に大勢の人を殺したアングリマーラであっても、仏陀の教えに帰依《きえ》し、心を入れ替《か》えて修行に励《はげ》んだならば、生きながらにして過去の罪《つみ》は消える。過去にさかのぼって、生まれた時点から清らかになる。悟《さと》りにはそういう力があるのだ」ということです。

要するに、「人間は、生まれてからいろいろと悪業《あくごう》を積み重ねるが、仏縁《ぶつえん》にふれ、信心し、修行して、悟りを開いたならば、過去の悪業は清められ、全部、サーッと消えていく。そうすると、生まれてからこのかた罪を犯《おか》したことがなく、清浄《しょうじょう》で無垢《むく》な、汚れのない、尊い修行者と、まったく同じになるのだ」ということです。

すなわち、ここで仏陀が教えていることは、「人を殺した人物であっても、仏陀の教えに帰依し、悟りを得ることによって、過去の数十年間に犯した罪が、来《らい》世《せ》の問題となるのではなく、今世《こんぜ》のうちに、現実に消えてなくなる」ということなのです。

例えば、罪を犯して刑務所《けいむしょ》に入った人が、当会の教えにふれて目覚め、熱心な信者になっている例もあります。そういう人の過去の罪は、この世的には罪として記録に残っています。しかし、仏縁にふれて回心《えしん》し、光となった場合には、生まれてからこのかた、まったく罪を犯していないのと同じことになるのです。

また、その後、光を与えて人々を救《すく》うことになったならば、さらにプラスが出てきます。光のかたまりになってきます。自分の罪が消されるだけでなく、より多くの人の罪、穢《けが》れをも払《はら》うだけの力が与えられるのです。それが仏法真理《ぶっぽうしんり》の力なのです。

アングリマーラの話は、このことを教えています。

信解脱《しんげだつ》――信仰《しんこう》による解脱

有名な仏教伝説の一つである、アングリマーラの話をしてきました。このアングリマーラの話は、後世にいろいろと影響《えいきょう》を与えたものの一つです。

例えば、「九百九十九本の刀を集めた弁慶《べんけい》が、最後の一本を求めていると、牛《うし》若丸《わかまる》に出会った」という、弁慶と牛若丸の話は、アングリマーラの話を使っているのだと思います。

また、親鸞《しんらん》の浄土真宗《じょうどしんしゅう》の教えも、「悪人正機説《あくにんしょうきせつ》」的な考え方（阿弥陀仏《あみだぶつ》は善人より悪人の救済《きゅうさい》を優先《ゆうせん》するとする考え）は、アングリマーラの話の影響を多分に受けているのではないかと推測《すいそく》します。私は以前、「浄土真宗系統《けいとう》は、仏教としてはかなり極端《きょくたん》なところまで行《い》っており、異端《いたん》性が強い」と述《の》べたことがありますが、真宗《しんしゅう》的な教えの起源《きげん》を、浄土三部経《じょうどさんぶきょう》以外で、あえて仏伝《ぶつでん》のなかに見いだすとすれば、アングリマーラの話がそれに当たるだろうと思います。

さらに、私は「浄土真宗の教えとキリスト教とは似《に》たようなものだ」と述べたことも何度かありますが、アングリマーラの話を見ると、仏教のなかにもキリスト教と同じような側面のあることが分かります。

アングリマーラの話は、一種の「信解脱《しんげだつ》」、信ずることによる解脱を説《と》いているのです。

信解脱とは、「仏《ぶつ》・法《ぽう》・僧《そう》に帰依することによって、過去の心の縛《しば》り、罪の縛りが解《と》けて、自由自在になる」というものです。浄土教系では、阿弥陀仏を信じ、念仏《ねんぶつ》で救われることを意味します。

これは、キリスト教で言えば、「キリストを信ずることによって、天国の門をくぐることができる」という思想に匹敵《ひってき》するだろうと思います。ただ、キリスト教は「救い」以外に「裁《さば》き」を唱《とな》える点が仏教の阿弥陀信仰《しんこう》とは違いますが。

アングリマーラはシュラーヴァスティー出身の人ですが、地元に大きなストゥーパが遺っているのを見ても、いかに有名だったかがよく分かります。「かなりの大悪党《だいあくとう》が、百八十度の回心《えしん》をして、有名な仏弟子になった」ということで、後世までセンセーショナルに語り継《つ》がれたのでしょう。

ここで知らなければならないのは、「人間には、それぞれ、生まれつきの魂《たましい》の傾向性《けいこう》はあるが、生まれついた星によってすべてが決まっているものではない」ということです。また、「その人がどのような人かは、その人が生きてきた何十年かの過去を見れば分かるが、過去がそうだったからといって、これからもその延長上《えんちょうじょう》にその人があるとは言えない」ということです。

この世ならざる論理《ろんり》、宗教的《しゅうきょう》論理が働くと、まったく別の人生が始まります。それは、人生の初期にさかのぼって、全人生を変えていく力を持っているのです。

2　心の主《あるじ》となれ

悪の誘惑《ゆうわく》から自分を護《まも》る「戒体《かいたい》」

それでは、アングリマーラはなぜ罪を犯《おか》したのでしょうか。この点を考えてみたいと思います。

アングリマーラは、バラモンの修行をしていて、勉強がよくでき、将来を嘱望《しょくぼう》されていました。そして、美貌《びぼう》だったため、先生の妻から懸想《けそう》をされ、誘惑《ゆうわく》されました。しかし、彼《かれ》がその誘惑を退《しりぞ》けたため、先生の妻が逆恨《さかうら》みをして、夫に嘘《うそ》の訴えをし、怒《おこ》った先生は、彼に「千人の人を殺せ」と命じました。

先生の命令をきかないわけにはいかず、彼は人殺しをし、そのうちに、自分の母親を殺そうとまで思い詰《つ》めるほど、凶悪《きょうあく》な心になってしまいました。

ところが、彼は仏陀《ぶっだ》に出会い、心を入れ替《か》え、仏教に帰依《きえ》することによって、過去の自分を清算し、新《あら》たな人生を生きることができるようになったのです。

まさに波瀾万丈《はらんばんじょう》の人生であり、話だけを聞くと、すべて外部の要因に翻弄《ほんろう》された人生のようにも思えます。実際、仏伝《ぶつでん》では、彼にはまったく何の罪《つみ》もなかったような言い方をしています。しかし、本当にそうなのかと考えてみると、必ずしもそうとは言えないのです。

彼は美貌の青年であり、青年期特有の欲情《よくじょう》を、それなりに持っていたのだろうと思います。おそらく、それが外に出てきていたのではないでしょうか。行為《こうい》としては何もなかったとしても、心のなかには、引き寄《よ》せるものを持っていたのだろうと推定《すいてい》されるのです。

仏教には、五戒《ごかい》をはじめとした戒律《かいりつ》がたくさんあります。そして、戒《かい》、戒《いまし》めを守っている人には、目には見えないのですが、「戒体《かいたい》」というものが出来上がってきます。何らかの戒を守っていると、それらしい雰囲気《ふんいき》が出てくるのです。

例えば、「決して生き物を殺さないぞ」と思い、十年、二十年と、それを守って生きている人からは、独特《どくとく》の雰囲気が出ています。

教師には教師に特有の雰囲気があり、僧侶《そうりょ》には僧侶に特有の雰囲気があります。また、裁判官《さいばんかん》には裁判官の雰囲気があり、警察官《けいさつかん》には警察官の雰囲気があります。それと同じように、戒を守って修行していると、戒体という、目に見えない霊的《れいてき》実体が出来上がって、これが、あらゆる誘惑《ゆうわく》から自分を護《まも》るのです。

戒を守って生きている人のところに悪人が近寄《ちかよ》ってきて、その人に何か罪を犯させようとしても、水と油のように弾《はじ》かれてしまいます。「この人を騙《だま》してやろう」と思って近くに寄っても、その人からオーラのようなものが出ていて、弾かれてしまうのです。

また、その人を誘惑しようとしても、できません。「うまい話がある。宝物《たからもの》がある場所を知っているから、取りに行こう」などと言おうとしても、戒めを守っている人には、戒体という独特のものができており、何か侵《おか》しがたいものがあるので、そういう声をかけられないのです。

したがって、戒体ができている人は、罪になるようなことから、おのずと遠ざかることになります。波長が合わないため、悪人が離《はな》れていくのです。

子供の教育においても、自分の子供が不良の仲間《なかま》になり、何か悪いことをすると、親は、「学校に不良がいて、そういう連中に誘《さそ》われたから、うちの子はこんな悪いことをしたのだ」などとよく言いますが、それは相手だけが悪いとは言えません。「波長同通《どうつう》の法則」というものがあり、相手と同通するものが本人のなかにあると、それが相手を呼び込《こ》み、本人も不良になっていくのです。

本人の側《がわ》に相手を弾くものがあれば、向こうは寄ってきません。「行き場が違《ちが》う」「合う人が違う」というように、おのずと合わなくなるのです。

アングリマーラは、「修行を積み、非常に聡明《そうめい》で、前途《ぜんと》を嘱望されていた」といっても、仏教的に見ると、「戒体がまだ十分にできておらず、隙《すき》があったに違いない。本人の潜在《せんざい》意識のなかに、引き寄せるものがあったのではないか」ということが推定されるのです。

善悪の問題は学力とは関係がない

何年か前、O教という教団が、アングリマーラの話と似たような事件を起こしたことがあります。

このときは、十人以上もの人が亡《な》くなり、体に被害《ひがい》を受けた人は数千人もいたのですから、アングリマーラが殺したとされる九百九十九人を超《こ》えています。彼らは、毒ガスなどで、もっと大量に人を殺そうとしていたとも言われています。

これは、先生が「一万人を殺せ」と言えば一万人を殺すという弟子《でし》集団があったことを意味しています。

これは、宗教に特有の、一つの罠《わな》だと思います。

「Ｏ教では、東大や京大、早稲田《わせだ》、慶応《けいおう》などを卒業した高学歴の人が、殺人命令を受けて、そのまま実行した。信じられない」ということが、マスコミの話題になりましたが、それはありうることだと私は思います。なぜなら、学力、知力と、男女問題などの情《じょう》の問題や、善悪の問題には、相関《そうかん》関係がほとんどないからです。

男女の問題においては、頭のよし悪《あ》しに関係なく落ち度が出ます。また、学校の勉強はできなくても、善悪の倫理観《りんりかん》をきちんと持っている人がいる一方で、学校の勉強はよくできるのに、倫理観が足りない人もいます。

倫理の問題、あるいは、感情、感性の問題は、学力や学歴とのあいだには十分な相関関係がないのです。学校では、そういうことについて、試験もしていないし、知識も教えていないからです。

学校では、男女の問題についてはほとんど教えません。また、善悪の問題についても、「これは善で、これは悪」というようなことを、小学校の低学年のころに、道徳教育で少し教える程度で、そのあと、高度な学問としては教えません。そのため、善悪の問題と学力の高さとは、必ずしも一致《いっち》しないのです。

そういったことは、「その人が、どのような人生観を持ち、どのような環境《かんきょう》のなかで生きてきたか」ということに、かなり左右される面があると思います。

智慧《ちえ》は人々を幸福にするためにある

アングリマーラの話を見ると、「千人の人を殺せ」と命令する師《し》も問題ですが、そういう人に弟子入りをし、その命令をそのまま実行に移《うつ》す弟子にも問題があります。このような師弟《してい》関係のなかには、一つの「無明《むみょう》」があると感じます。

アングリマーラは「師から命じられたことを実践《じっせん》すれば悟りが得られる」と考えていましたが、これは会社における仕事のレベルです。「上司が『これをせよ』と言ったので、そのとおり完璧《かんぺき》にやりました」ということと同じです。

そういうことは、会社や役所ではいくらでもあると思いますし、上司が言ったとおりにやったのですから、部下としては、それでよかったのかもしれません。

しかし、例えば、企業《きぎょう》が有害物質を垂《た》れ流し、大勢の人が公害で苦しんだとして、その物質が有害であることを部下が知っていたならば、人の道からいって、上司が「やれ」と言っても、部下は「やめるべきです」と言うのが当然なのです。大きな論理、倫理観に則《のっと》れば、そうなります。

また、厚生省《こうせいしょう》（現厚生労働省）であれば、薬害エイズの問題に関して、「万一《まんいつ》のことがあれば大変だ」と気がつき、事前に手を打つことのできた人もいると思います。

確《たし》かに、仕事においては、「体面上、これは通す」「役所との関係上、あそこの会社とは、こうする」というように、上司が建前《たてまえ》などで部下を締《し》め上げることは、いくらでもあります。

そして、上の人の言うことに、そのとおり従《したが》うのは、極《きわ》めて楽なことです。「言われたとおりにやりました」というのは、内部では通用する論理です。

その点では、アングリマーラもO教も同じです。

しかし、バラモン教であろうが、仏教であろうが、あるいは、ほかの教えであろうが、本当に真理の道に入って修行している者であれば、「真理の道はどのようなものの上に築《きず》かれなければならないか」ということを知る必要があります。

真理というものは、より多くの人への慈悲《じひ》と愛の上に成り立っているものです。

また、智慧《ちえ》というものは、人々を生かして、より幸福にしていくためにあるものです。そのために、修行者は修行をしているはずです。

ところが、そういう目的のために修行をしている者が、修行を達成するために、途中《とちゅう》で、目的とは逆のことをやるということが、はたしてありうるでしょうか。

アングリマーラの例で言えば、「千人の人を殺して、本当に印可《いんか》が与えられるのか。免許皆伝《めんきょかいでん》となって悟れるのか」ということですが、そうであるはずはないのです。

資格《しかく》や名目《めいもく》にとらわれない

アングリマーラは、「本当の免許皆伝とは、悟りの力、目に見えない力である」ということが分からず、いわば免状《めんじょう》のほうに意識が向いていたのです。

こういうことは、ほかにもあります。例えば、「生け花やお茶の精神を学んで、一生、それを生かしていきたい」という目的を持っている人は、免状にこだわらないのですが、免状そのものが目的の人、「私はこういう免状を持っています。免許皆伝です」ということにこだわりを持つ人は、免状が得られるのであれば、何でもします。

そのような人は、大学に入るためには、違法《いほう》なかたちでお金を積んで裏口《うらぐち》入学をしたり、入学後、付き合いもできないのに、無理して分不相応《ぶんふそうおう》なコネを使ったりします。また、入学したあと、卒業できないときには、裏から手を回し、教授に金品《きんぴん》を贈《おく》って卒業させてもらったりします。

入学資格《しかく》、あるいは卒業証書《しょうしょ》をもらうのが目的の人、免状に力があると思っている人は、そうなります。「免状さえもらえば、就職《しゅうしょく》もできるし、結婚《けっこん》もできるし、出世《しゅっせ》もできる。とにかく免状がもらえればよいのだ」と考える人は、どのような手を尽《つ》くしてでも免状を得ようとするのです。

ところが、大学に入って、本当に学問を修《おさ》めようとする人、学問そのものが好きな人は、そういうことはしません。「私の学力が未熟《みじゅく》で単位が足りず、卒業させてもらえないのならば、しかたがない。努力して、来年卒業してもよいし、また、万一《まんいつ》、どうしても卒業できない場合には、大学をやめてからも勉強し続けて、学問の道を歩《あゆ》もう」と思うでしょう。

これが本道《ほんどう》であり、まともな人の姿《すがた》なのです。ところが、免状のほうに力があると思っている人は、そうはならないのです。

このようなことは、現代社会において、いくらでもあります。学歴についてもそうですし、会社名についてもそうです。

一流会社に勤《つと》めていても、仕事のできない人はいくらでもいるのに、「会社が一流だから、自分も一流だ」と思う人もいます。そう思っている人は、会社をやめて転職すると、馬脚《ばきゃく》を露《あら》わし、仕事のできないことがばれてしまうのです。

ところが、「会社の名前に関係なく、一流の仕事をする人が一流なのだ」と思っている人は、転職しても成功するのです。

この世的な資格、外向きの名目《めいもく》などにとらわれ、「これが悟りだ」「これが学力だ」「これが社会的ステータスだ」などと思っている人は、大きな間違《まちが》いを犯します。基本的な本道を外《はず》してはならないのです。

失敗の原因は自分にある

アングリマーラのように、「千人の人を殺してでも悟りたい。自分の母親を殺してでも悟りたい」と思うのは狂《くる》っています。これを狂っていると分からないところに大きな間違いがあります。

これは、彼を罠にかけた先生のほうの問題だけではありません。そのような人のところで弟子をしていて、「自分は修行をしている」と思っている人にも、無《む》明《みょう》という罪があるのです。

さまざまな事件を起こしたＯ教について、「指導者だけが狂っていた。弟子たちはみな洗脳《せんのう》されたのだ」という、弁護《べんご》的な言い方をする人もいますが、私はそうは思いません。

たとえ東大や京大を出ようが、慶応を出ようが、殺人命令を受けて実行し、良心の痛《いた》みを感じなかったり、あるいは、その殺人命令を止《と》めることができなかったりした人が、それで悟れると思っていたのならば、その人自身のなかに、殺人命令を出した人と同質のものが、やはり必ずあります。人のせいにはできないものがあるのです。その点を知らなければいけません。

敵《てき》はいつも自分の内にあります。他の人が自分を害したり、他の人の命令や判定によって自分が失敗したりするのではありません。その失敗の原因は、必ず自分自身のなか、自分自身の心のなかにあると見なければならないのです。

心というものは、目には見えないものですが、各人がみな持っています。この心に振《ふ》り回されてはいけません。心の主《あるじ》となることが大事であり、心を主としてはいけないのです。

心というものは、目に見えない一つの生き物のようであり、突如《とつじょ》、いろいろなことを思い、いろいろなことをしたくなるものです。

例えば、デパートの店内に自分の欲《ほ》しいものがあったときに、一瞬《いっしゅん》、すっと手が伸《の》びて、それを盗《と》ってしまい、見つかって警察に捕《つか》まる人がいます。そのときの、目に見えない自分の心というものに支配されて、そうなるのでしょう。

それ以外にも、そのたぐいの誘惑《ゆうわく》は幾らでもあります。

例えば、十年、二十年と銀行に勤めている女子行員がいるとします。彼女はベテランなので、ある部門を上司からすべて任《まか》されており、帳簿《ちょうぼ》を少し改竄《かいざん》すれば、誰《だれ》にも知られずに銀行のお金を引き出すことができるとします。

その彼女に極道《ごくどう》の愛人がいて、彼が競艇《きょうてい》や競馬《けいば》などにどんどんお金を使い、

「俺《おれ》と別れたくなかったら、金をよこせ」と言うので、彼女は帳簿を改竄し、銀行のお金をどんどん持っていくというようなこともあります。

確かに、「この人から離れたくない。だから、お金を貢《みつ》がなければいけない。しかし、私の給料だけでは足りない。それで、やむをえず、銀行のお金を流用してしまった」という女心は、哀《あわ》れではあります。

ただ、それは、「心が主《あるじ》になってしまい、心の主になれなかった」という人間の悲劇《ひげき》だと思います。自分の思いに揺《ゆ》さぶられ、そちらが自分の主人になってしまい、「このようなことをすれば、どうなるか。自分は間違ったことをしているのではないか」ということを一段高いところから見て、心を支配する自分がいなかったわけです。

要するに、「心のほうが主になってしまい、心の主になれなかった」という点に、大きな間違いがあるのです。

3　欲望《よくぼう》に振《ふ》り回されない境地《きょうち》へ

人間の五つの欲《よく》

人間には、五欲《ごよく》といわれる五つの欲があります。

まず、財欲《ざいよく》、「お金が欲《ほ》しい」という金銭欲があります。

この世は経済原理で成り立っているため、現代社会においては、一円も使わずに一日を過《す》ごすことはできません。どれほど欲がなくても、一円も使わずに生活することは不可能《ふかのう》です。それは、しかたがないことです。たとえ乞食《こじき》であろうと、多少の経済的基礎《きそ》がないと生活できないので、やはり財欲はあります。

次に、色欲《しきよく》です。情欲《じょうよく》ともいいますが、異性《いせい》に対する欲望《よくぼう》です。これも根強くあります。

また、食欲《しょくよく》もあります。何も食べずにいると、どれほど頑張《がんば》っても、お腹《なか》がすいてきます。

それから、名聞欲《みょうもんよく》があります。名聞、名声《めいせい》を求める心です。「あの人は偉《えら》い」「エリートだ」「よいところの御曹司《おんぞうし》だ」「よい学校を出ているらしい」「一流会社に勤めているらしい」「人より出世が早い」「講師になるのが早かった」などという、人の評価を求める心です。こうした名聞欲も抜《ぬ》きがたいものです。

さらには、睡眠欲《すいみんよく》があります。「眠《ねむ》りたい」という欲望です。これも否定《ひてい》できません。不眠不休《ふみんふきゅう》で仕事をしようとしても、三日以上はなかなかもちません。もっと長くもつ人もいるかもしれませんが、起きているふりをして、実際は眠っているかもしれません。したがって、睡眠欲も否定できないのです。

このように、人間にとって五欲は逃《のが》れられないものです。この世の人間として生きていて、財欲、色欲、食欲、名聞欲、睡眠欲を否定できるかといえば、否定できません。それでは、これらをまったくなくしてしまうために、自殺してしまえばよいのかといえば、それもまた、修行《しゅぎょう》の目的に反しています。

この世に生を持たなければ五欲もないでしょうが、この世に生を持っている以上、五欲からは逃れられないのです（色欲《しきよく》・声欲《しょうよく》・香欲《こうよく》・味欲《みよく》・触欲《そくよく》の五つの感覚欲を五欲という場合もある）。

財欲《ざいよく》は貧《まず》しい人にも大金持ちにもある

例えば、財欲《ざいよく》、金銭欲に関しては、「お金があるために、それを求める心が起きるのだから、お金や経済性を否定すればよいのだ。貧《まず》しくなれば、財欲はなくなるのだ」と言えるかというと、そうではありません。

私は、一九九六年にインドを視察したとき、「今から千数百年前には、一万人もの仏弟子《ぶつでし》が生活していた」というナーランダ学院の跡《あと》に行ってみました。そこは、食堂や僧坊《そうぼう》の跡もあれば修行場《しゅぎょうば》の跡もある、広大なものでした。

もちろん、今は廃墟《はいきょ》になっており、修行者がいるわけではありません。遺跡《いせき》の管理人がいて、観光客が出入りしているだけです。

その学院跡で掃除《そうじ》や片付《かたづ》けをしている管理人は、おそらく公務員だと思われますが、その人が、日本人が通ると手を出して、「ボールペンをくれ」と何度も言うのです。

これは実に情《なさ》けないことです。自分がどこで働いていると思っているのでしょうか。仏教の重要な史跡《しせき》、かつて仏弟子たちが修行した聖地《せいち》にいるというのに、ボールペンのことしか頭になく、日本人の顔を見ると、「ボールペンをくれ」と手を出すのです。布施《ふせ》の精神の悪用です。

それから、ナーランダ学院跡の外へ出ると、自動車の周りに三十人ぐらいの乞《こ》食《じき》が群《むら》がってきました。彼らが車を四方八方から取り囲み、その泥《どろ》だらけの手でさわるので、車の窓《まど》ガラスがたちまち真っ黒になってしまいました。また、ドアを開けて出ようにも、大勢が群がっているために、出られませんでした。

彼らは、あまりにも欲が強すぎて、逆にお布施《ふせ》をもらいそこねています。三十人もの群《む》れで車を取り囲まれ、ドアを開けると車内に入ってこられそうなので、私たちは、車から出られず、窓も開けられず、お布施をあげようにもあげられません。車もかなり汚《よご》されてしまうので、しかたなく車を発車させることになります。

彼らが、もっと欲を慎《つつし》み、整然と一列に並《なら》んで待っていたならば、全員はもらえないかもしれませんが、最初の五人ぐらいは、お布施をもらえるでしょう。そして、次の客のときに順番を入れ替《か》え、別の五人が前に出てくれれば、またもらうことができます。それを最後に全員で分ければ、取り分が増《ふ》えるのです。

ところが、ピラニアのように大勢で群がるので、一ルピー（インドの通貨）ももらえずに客を逃《に》がしています。

もちろん、彼らは貧しくて大変なのだと思います。普通《ふつう》の収入を得ている人が、あのようなことをするわけがありません。「今日《きょう》は、ここでもらわないと食べていけない」と思うから、必死になって来るのでしょう。

したがって、貧しいから財欲がないかといえば、そうではなく、貧しくても財欲は持っているのです。

インドでは、教育を受けていない人も多く、子だくさんだと生活が成り立ちません。そのため、乞食の人に子供が生まれた場合、母親が〝慈悲《じひ》〟として子供の片腕《かたうで》を切ってしまうこともあります。そうすると、子供は、哀《あわ》れな外見を利用して、一生、乞食ができるというわけです。

片腕がなければ仕事ができず、誰《だれ》が見ても、乞食をしている理由が分かるので、

「ああ、かわいそうに」ということで、お金をもらえます。それで、子供が一生食べていけるようにと、人為的《じんい》に自分の子供の腕を切る親もいるのです。

乞食以外にできる職業のない彼らが、乞食としてやっていくためには、見た目が悲惨《ひさん》であればあるほどよいわけです。五体満足で乞食をしても、なかなか、お金をもらえませんが、「足が悪い」「手が悪い」など、外見に明らかなハンディがあると、わりと簡単《かんたん》にお金がもらえます。乞食がお金をもらうためには、外見がひどければひどいほど、ハンディが大きければ大きいほどよいのです。

そういう理由から、そのようなことも行われています。

したがって、例えば、「会社でお金儲《もう》けをやっている人は財欲があって、そうでない生活をしている人は財欲がない」と言えるかというと、決してそうではありません。貧しくても財欲は強いのです。

それでは、逆に大金持ちはどうなのでしょうか。これを考えてみましょう。

アメリカの大金持ちに、ロックフェラーという人がいました。二十代で成功し、四十代で大会社の社長となり、膨大《ぼうだい》な富《とみ》を得て、巨大《きょだい》な財閥《ざいばつ》を築《きず》いた人です。

ただ、彼は五十代のころ、「金儲け主義で人々を苦しめている」と、あちこちから非難《ひなん》を受け、まだ五十代なのに、老《お》いさらばえた老人のようになってしまったのです。胃が痛《いた》み、夜も眠《ねむ》れず、体はがたがたになりました。

そこで、彼は改心し、「この財力を生かして、世界の人々のために役立てよう」と思い、ロックフェラー財団をつくりました。そして、膨大な資金力を使い、世界各地で、教会や病院、学校などを数多く建てたりしたのです。このようなことができた人は、かつていませんでした。ロックフェラーはそれほどの財力を持っていたのです。

五十代で死にかかっていた彼は、以後、光明《こうみょう》思想を持って生きることによって、満九十七歳まで長生きしました。

大金持ちには財欲がないかといえば、そうではなく、ロックフェラーほどの大金持ちであっても、「びた一文《いちもん》、まけられない」というような商売をしていたのです。その結果、彼は人生が苦しくなり、最後は病気になって、行き詰《づ》まりました。しかし、布施《ふせ》の心を持つことによって、新たな人生が開《ひら》けたのです。

大金持ちのロックフェラーは、「自分のために、どれだけお金を集めるか」ということから、「世の中のために、どれだけお金を還元《かんげん》するか」ということへと考え方を変えました。そうすることによって、それまでの罪の意識や、いろいろな人の批判《ひはん》、怨嗟《えんさ》の声が消え、明るい人生を生きることができるようになったのです。

これは大金持ちにおける財欲の克服《こくふく》の例でしょう。

結局、財欲は、貧しい人にも大金持ちにもあるものなのです。

色欲《しきよく》と食欲《しょくよく》

色欲《しきよく》も、財欲と同じく、どのような人でも持っています。

男性であっても、女性であっても、異性に対する欲望《よくぼう》がなかったならば、この世の結婚《けっこん》生活が成り立たなくなります。いろいろな人が異性を好きになり、それぞれ結婚するので、人類の魂修行《たましいしゅぎょう》の連鎖《れんさ》が続いているのです。

「誰もが、全世界の数十億人のなかで、一人の女性、あるいは一人の男性にしか好意を感じない。それ以外の異性に対しては、まったく好意を感じない」ということであれば、人類は、はるか昔に死に絶《た》えていたでしょう。男性から見ても、女性から見ても、嫌《きら》いな人ばかりではなく、「いいな」と思う人もたくさんいるので、いろいろな組み合わせができ、人類の歴史が長く続いてきているのです。

ただ、異性に対して「いいな」と思う熱望も、よくコントロールされなければ、不幸の原因になります。周りから祝福《しゅくふく》された男女関係はユートピアの基礎《きそ》になりますが、そうではないかたちで男女関係ができた場合には、執着《しゅうちゃく》のとりこになってしまうのです。

なかには、色情《しきじょう》問題で心が鬼《おに》のようになり、相手をナイフで刺《さ》し殺したり、ガソリンをかけて焼き殺したりする人もいます。愛情の問題には根深いものがあるのです。

結局、ここでも、心の主《あるじ》になれるかどうかが大事なのです。心が自分の主になってしまってはいけません。心に振《ふ》り回されてはいけないのです。

それから、食欲《しょくよく》も適度であることが必要です。食べすぎると体を壊《こわ》します。逆に、断食《だんじき》をすれば聖者《せいじゃ》になれるかというと、そうではなく、食べ物のこと以外は考えられなくなります。それも、必ずしも正しい道だとは言えないのです。

名聞欲《みょうもんよく》と睡眠欲《すいみんよく》

さらに、名聞欲《みょうもんよく》です。

「自己啓発《じこけいはつ》をして、自分を発展《はってん》させていきたい」と考え、正しい道に入って精進《しょうじん》しているのであれば、次第《しだい》に自分の評価が高まってくるのは、喜ぶべきことだと思います。ところが、心の修行をしている人でもそうなのですが、人間は、えてして名聞欲が過《す》ぎるのです。

したがって、いつも自分の実力を客観的に見ておくことが必要です。「自分の実力はこの程度であり、この程度の評価なら受けてもよいが、それより大きな評価を受けるのは、評価されすぎである」「私は自分の実力を過信しているのではないか。過大評価しているのではないか」というように考えるのです。

自分の実力を過大評価した場合には、たいてい事業に失敗します。

また、他の人に対して、自分の実績や実力、あるいは精進以上の評価を求めたときには、「奪《うば》う愛」になり、客観的には自分に対する評価が下がり始めます。名聞欲が過ぎると、「あまり働いていないのに、あなたは、なぜそれほど偉《えら》くなりたいのですか。なぜそれほど役職に就《つ》きたいのですか」と言われることになります。

また、財欲と名聞欲の両方が過ぎると、「あまり働いていないのに、なぜそれほど地位や給料を欲しがるのですか。今の十倍は働いてから、そう言うべきです」などと言われることになるでしょう。

最後は睡眠欲《すいみんよく》です。人間であれば、当然、適当な睡眠欲はいつもあります。ただ、たいていの人は八時間も眠《ねむ》れば十分でしょう。

睡眠時間を三時間にできれば偉いかといえば、必ずしもそうではありません。起きている時間が充実《じゅうじつ》していなければ、偉いとは言えないのです。一方、一日中寝《ね》ているのは怠《なま》け者です。この兼《か》ね合いが非常に難《むずか》しいのです。「常《つね》によい仕事をし、よい人生を生きるための、コンディション調整」という観点から見たとき、睡眠は非常に大切です。しかし、睡眠時間の多寡《たか》だけでは物《もの》事《ごと》は決められないのです。

心解脱《しんげだつ》――欲望から自由になる

財欲、色欲、食欲、名聞《みょうもん》欲、睡眠欲の五欲は、人間には付きものであり、これを切って捨《す》てたときには、おそらく、肉体を持った人間としては生存《せいぞん》できなくなるでしょう。したがって、五欲を否定することはできません。

しかし、五欲をコントロールすることはできます。五欲をよく統御《とうぎょ》して、心の主人となることが大事です。心に振り回されないことが大事なのです。

本章の1節において、「信解脱《しんげだつ》」、信仰《しんこう》による解脱《げだつ》という話をしましたが、解脱には、ほかにも幾《いく》つかあります。

例えば、「心解脱《しんげだつ》」、心《こころ》の解脱というものもあります。心解脱とは、説明の仕方はいろいろありますが、簡単に言えば、五欲をはじめとした欲望に振り回されることから自由になることです。

毎日を生きているとき、心というものは、たいてい、人間性から発した欲望によって翻弄《ほんろう》されています。この欲望から自由になることが心解脱なのです。これだけでも十分な悟りです。この境地《きょうち》には、なかなか行けないのです。

4　智慧《ちえ》による解脱

慧解脱《えげだつ》――智慧によって迷《まよ》いを切る

それから、「慧解脱《えげだつ》」、智慧《ちえ》による解脱《げだつ》もあります。

慧解脱とは、仏法《ぶっぽう》の知識、真理の知識を得ることによって、迷《まよ》いを解《と》き、自由になることです。

信解脱の法門《ほうもん》は非常に広いものですが、慧解脱も大事です。これは、「こういう原因をつくれば、こういう結果になる」ということを、知識として、きちんと持つことによって、迷いや疑《うたが》いを切っていく心なのです。

アングリマーラの例で言うと、彼は先生に「千人の人を殺せば悟《さと》れる」と言われたので、それを実行しようとしましたが、正しい真理の知識を持っていれば、「千人の人を殺して、悟れるわけがない」ということは、理論《りろん》的に分かるはずです。

ところが、彼《かれ》のように、何も考えずに、上の人の命令をそのとおり実行しているだけの人が、いくらでもいるのです。

アングリマーラが智慧《ちえ》を持っていたならば、「千人の人を殺して、悟れるわけがない。それで悟れるのならば、そういう意味での〝悟り〟なら、私はむしろ遠ざかりたいものだ」と考えたでしょう。これは智慧による解脱だと思います。悟りという言葉に騙《だま》されているのですから、それを智慧によって破《やぶ》らなくてはいけないのです。

因果《いんが》の理法《りほう》を知る

因果《いんが》の理法《りほう》をよく知っていれば、「こういう原因をつくったら、こういう結果になる」ということが分かることは、いくらでもあります。

例えば、「土地は有限なので、いつでも確実に値上《ねあ》がりしていく。したがって、財産の運用には土地が最もよい」と言われ、日本中が土地投機《とうき》に熱狂《ねっきょう》していた時期があります。

一九八〇年代後半から九〇年代にかけての、いわゆるバブル期に、銀行員も公認《こうにん》会計士も、「土地を買いなさい。土地を買うと、確実に値上がりするので、銀行預金《よきん》よりも有利です。土地は決してなくならないのですから、これ以上、確実なものはありません。土地を買って節税《せつぜい》をし、財産を増《ふ》やすのがいちばんです」と、ずいぶん言っていました。

しかし、私は当時、「このようなことは長くは続かない」ということを知識として知っていたので、幸福の科学は土地に手を出しませんでした。ところが、ほかの宗教団体のなかには、土地に手を出して、その資産価値《かち》が目減《めべ》りしたために困《こま》っているところも幾《いく》つかあります。

正当な仕事で利益《りえき》をあげていくのはよいことですが、投機的な土地転《ころ》がしで、ずっと、儲《もう》かり続けることはありません。儲かるときもあれば、損《そん》をするときもあり、それは交互《こうご》に出てくるので、勝ち越《こ》すのはなかなか難しいのです。そのようなことにエネルギーを使うぐらいならば、きちんと正当に仕事をしていったほうが、発展のもとになります。これはどのような業務であっても同じです。

このように、知識を持っていると、破産《はさん》、倒産《とうさん》を避《さ》けることができる場合もあります。この世的なことではありますが、一定の知識を持つことによって、危機《きき》を回避《かいひ》することもできるのです。

以上のように、すべては心より生《しょう》じ、幸福も不幸も心より生まれてきます。

「心に支配されることなく、心を支配せよ。心を主《あるじ》とすることなく、心の主となるべし」、これが大事なのです。

どうか、「敵は自分の内にあり」という言葉を、常に肝《きも》に銘《めい》じておいていただきたいと思います。

第2章

罪《つみ》を許《ゆる》す力

――自分と他人を許す勇気を

1　完璧《かんぺき》な人生ではなく、よりよい人生を

交通事故死の三倍以上もある自殺

「罪《つみ》を許《ゆる》す力」について述《の》べていきます。これは一つの宗教的《しゅうきょう》原理です。

罪を許す力というものは、学校で学ぶことはまずありませんし、また、実社会に出てからも、正式に学ぶことは、まれであると思います。

マスコミによって、毎日のように、罪を追及《ついきゅう》する報道がなされているため、みなさんは、〝罪を許さない力〟のほうは自然に学んでいると思いますが、「罪を許す」という方面の学びの機会は非常に少ないのではないでしょうか。

今回、こういう話をしようと思い立ったのは、一つのデータによります。日本

における交通事故の死者は、最近は減少《げんしょう》ぎみではありますが、毎年《まいとし》一万人弱ぐらいいます（説法《せっぽう》当時）。しかし、それよりもはるかに多くの死者が出ているものがあります。それは何であるかというと、実は自殺なのです。

平成不況《へいせいふきょう》が長引いていることも影響《えいきょう》しているのでしょうが、ここ数年は、年間三万人を超《こ》える人が自殺で亡《な》くなっており、交通事故の死者の三倍以上になっています（説法当時）。その内訳《うちわけ》は、男性が二万人ぐらいで、残りが女性です。

これは大変な数です。一世代を三十年とすると、三十年あまりのあいだに、約百万人が自殺する計算になります。これは、大きな戦争をしているのとほとんど同じです。百万人もの人々が一世代のうちに死んでしまうというのは、戦争を続けているのと変わらないのです。

実際の戦争でも、毎年三万人も死に続けるというのは大変なことです。あのベトナム戦争においても、アメリカ側《がわ》が毎年三万人もの戦死者を出し続けたということはないでしょうから、これはかなりの数だと言えます。

なぜ、このような事態が続くのでしょうか。

日本では、自殺の問題に対する取り組みが、まだまだ甘《あま》いようです。それは、自殺の原因を解明し、それを防止するための、基本的な哲学《てつがく》、あるいは宗教的な教えや道徳原理など、その根本《こんぽん》の柱になるものが、極《きわ》めて弱いからだと思うのです。

例えば、西欧《せいおう》のキリスト教社会では、宗教教育において「自殺は悪である」と教えられているので、「死にたい」と思っても、「自殺したら、天国に行けないのではないか」と考えるわけです。それでも自殺する人はいるでしょうが、一定の抑止力《よくしりょく》は働いています。

ところが、日本の場合には、唯物論《ゆいぶつろん》的な土壌《どじょう》もあって、「死ねば終わりだ」と考えている人も数多くいますし、あの世を信じている人であっても、「死ねば、この苦しみがなくなる」と考えている人もいます。本当の意味での宗教知識が非常に不足していると言わざるをえないのです。

自殺者は死後どうなるか

自殺者は必ず地獄《じごく》に行くのでしょうか。

答えは、「百パーセント、地獄へ行く」ということはなく、「地獄、もしくは地獄以前の段階《だんかい》にいることが多い」ということです。なかには地獄まで行っている人もいますが、地獄以前の段階で、自分が死んだことが分からずに、地上に執着《しゅうちゃく》して、地上の人と同じように生活している人や、あるいは、地縛霊《じばくれい》となって、自分が死んだ場所などに漂《ただよ》っている人が、数多くいるのです。

そのように、この世の人や物にまだ引っ掛《か》かっていて、地獄に堕《お》ちることさえできない人たちがいるわけです。もちろん、地獄に行けば、苦しみは、よりはっきりと出てきますが、そこまで行けない人が多いのです。

では、自殺者は絶対に天国に行けないのかといえば、そうでもありません。例えば、歴史上の人物では、西郷隆盛《さいごうたかもり》も、自刃《じじん》しているので、自殺は自殺でしょう。あるいは、乃木大将《のぎたいしょう》のような殉死《じゅんし》も、やはり自殺でしょう。しかし、彼《かれ》らは地獄へ行っているわけではありません。死んだ当時は苦しみがあったでしょうが、その後はきちんと天上界《てんじょうかい》に還《かえ》っており、神々の一人になっています。

彼らが地獄に堕ちなかったのは、「生きていたときに、澄《す》み切った心を持っていた」ということもあるでしょうし、「数多くの人から敬愛《けいあい》されていた」ということも大きかったと思います。そういう別種の原理が働く場合も、ないわけではないのです。

しかし、たいていの場合、すなわち、この世からの逃避《とうひ》として自殺するような場合は、天国に行くことはまれであり、ほとんどないと考えてよいでしょう。

特に、真実の世界のことを知らずに死んだ場合には、天国に還ることは非常に難《むずか》しいですし、そういう人は、天使たちが行って説得しても、受け入れないのです。この世において、他の人の説得を受け入れなかったような人は、あの世においても、やはり受け入れることができないというのが実相です。

死に急ぐ人に見られる完全主義的傾向《けいこう》

ここで、自殺の原因について考えてみたいと思います。

人間は、この世に生き、幸福を求めて、さまざまな努力をしています。また、幸福を得るための教えも説《と》かれています。しかし、不幸体験というものは、どうしても避《さ》けられません。幸福というものがあるならば、相対《そうたい》的な意味において、その反対の不幸というものも、この世的には存在《そんざい》します。

その不幸体験のなかで、人は自殺をするわけです。自殺をする人のなかには、幸福のなかで死んでいく人もいるかもしれませんが、数は少ないでしょう。通常は、不幸のなかで死んでいくことのほうが多いのです。

なぜ人は自殺をするのでしょうか。その背景《はいけい》をたどってみると、幾《いく》つかの原因が考えられます。

例えば、病気を苦にして死ぬ人もいます。「もう、これ以上、苦しみが続くのは嫌《いや》だ」という思いから自殺する人は数多くいます。

最近は老人の自殺も増《ふ》えています。「体の具合が悪く、家族に迷惑《めいわく》をかける」「生きがいがない」というようなことで自殺する老人も後《あと》を絶《た》ちません。

若《わか》い人の場合には、恋愛《れんあい》感情のもつれや結婚《けっこん》問題、離婚《りこん》問題などで自殺する人もいます。

また、不況が続くと、経済問題での自殺があります。経済問題を苦にして、逃避したくて自殺をする場合です。

それから、パーセンテージとしては低いですが、名誉《めいよ》を理由とする自殺もあります。政治家などの場合は、何か事件に巻《ま》き込《こ》まれたり、不名誉なことが起きたりしたときに、名誉の死を選ぶ人もいます。

このように、自殺には幾つかの原因がありますが、いずれにしても、この世で生き抜《ぬ》くのがあまりにも下手《へた》な人が多すぎるようです。

そこで、その理由を少し考えてみたいのです。

通常の宗教の教えでは、仏《ほとけ》の子、神の子としての生き方というものがずいぶん説かれているので、ここでは、それとは逆《ぎゃく》の話になるのですが、自殺する人は、自分自身や他人に対して、あまりにも完全を求める完全主義的傾向《けいこう》が強く、その潔癖性《けっぺきせい》のあまり、死に急ぐ人が多いように思うのです。

こういう人は、〝病原菌《びょうげんきん》〟に対する抵抗力《ていこうりょく》、すなわち、生きていく上での挫折《ざせつ》や失敗、あるいは他人からの非難《ひなん》や批判《ひはん》などに対する免疫《めんえき》、抵抗力が、少し弱すぎるのではないでしょうか。

その根本《こんぽん》にあるものは、やはり、自分に対する完全主義的な要求、あるいは他人に対する完全主義的な要求でしょう。

人間は不完全な生き物

しかし、自分自身のことをよく考えてみるならば、完全な人、完璧《かんぺき》な人などいないことが分かるはずです。そして、自分が完璧ではないように、他の人もまた、完全でもなければ完璧でもないのです。完全性は、自分に求めることもできないし、他人に求めることもできないものです。

ところが、完全性という、自分にも他人にも求めることのできないものを求めて、結局、不完全な生き方をしていく人が後を絶たないのです。

みずから完全主義を名乗っている人で、完全な人生を生きている人などいません。そういう人に限《かぎ》って、極めて不完全な生き方をしています。普通《ふつう》の人が普通に生き、普通に行《おこな》っていることをせず、普通ならば、当然、戦うべきこと、当然、乗り越《こ》えるべきことから逃避していながら、完全主義を自称《じしょう》している人が数多くいるのです。

それは責任の回避《かいひ》であり、失敗の回避であり、「これ以上、戦闘《せんとう》を続けたくない」という逃《に》げでもあると思います。

完全主義、ナルシシズム、自己《じこ》を美化する心、他人を美化する心など、いろいろありますが、完璧を求めすぎて、あるいは美を求めすぎて、その結果、醜《みにく》く生きている人が多いのです。

それは、言ってみれば、毎日、「新しく購入《こうにゅう》した服や下着でなければ着られない」と言っているようなものでしょう。服や下着は、汚《よご》れても、洗濯《せんたく》をし、クリーニングをすれば、また着ることができるのです。それは、まったくの新品ではありませんが、それを新品同様にきれいなものだと思って着ていくのが普通の生き方です。

それと同じように、あまりに自分を美化し、窮屈《きゅうくつ》にし、縛《しば》り上げてはいけないのです。

「一度でも失敗があったら、もう人生は終わりだ」というような考え方は、取るべきではありません。それは、何十年かのあいだ、みなさんを育て、護《まも》り、励《はげ》ましてきた人々に対する、非常な冒瀆行為《ぼうとくこうい》です。人生は、そういうものではありません。そのような、感情的に極端《きょくたん》から極端へと走るような生き方は、反省すべきだと思います。

したがって、「人間は仏の子、神の子である」という考え方はもちろん大事ですが、その一方で、「人間は不完全な生き物である」ということも、ある程度、認《みと》める必要があります。この世に生きている以上、やはり、肉体を持って生きている人間としての不完全さは残るのです。

この世においては、霊的《れいてき》に、完璧《かんぺき》な存在《そんざい》として生きることはできません。この世では、数多くの抵抗のなかを生きなければならないので、不完全にしか生きられないのです。そのため、失敗や挫折《ざせつ》もありますが、だからこそ、そこに反省があり、学びもあるわけです。

そして、他の人も、同じように、失敗や挫折をし、また新しい気づきを得て立ち直り、よりよい人生を生きようとしているのです。

不器用《ぶきよう》な自分を認《みと》める

大事なことは、完璧な人生を生きることではなく、よりよい人生を生きることなのです。そのように心に言い聞かせなければいけません。

ただ、「いいかげんな勉強をしてよい」とか、「いいかげんな仕事をしてよい」

とか、そういうことを勧《すす》めているわけではありません。

「完全に生きなくてもよい。完璧でなくてもよい」と言うと、すぐに、「仕事も完全でなくてよいのだ」と、甘《あま》く捉《とら》える人もいます。そして、それを翌日《よくじつ》から職場で実行し、その結果、上司に怒《おこ》られて、「自殺しようか」という衝動《しょうどう》に駆《か》られる人が出てもいけないので、念のために述べておきますが、「勉強や仕事がいいかげんでよい」ということを勧めているわけではないのです。

ただ、魂的《たましいてき》、霊的に、自分を非常に責《せ》め、毎日、夜も眠《ねむ》れずに苦しんでいる人がいるならば、「完璧な自分のみを求めてはいけない」と言いたいのです。

八十パーセント主義でよいから、とにかく生き抜《ぬ》くことです。そして、完全な人生、完璧な人生、欠点のない人生、傷《きず》のない人生ではなく、よりよい人生を選び取ることが大事です。

みなさんは仏神《ぶっしん》に向けて霊的に進化することを目指してはいますが、仏神ではありません。この世に生きている以上、毎日毎日、失敗を重ね、苦しみながら生きているのです。したがって、よりよく生きることを目指すべきです。

「人間は、仏の子であると同時に、この世においては、不完全に生きている、不器用《ぶきよう》な生き物である」ということを知らなければいけません。不器用に生きている自分というものを認《みと》めなければいけないのです。

そういう自分であるということは、魂の修行《しゅぎょう》をしているということ、魂の学校で学んでいるということにおいて許されているわけですから、それを耐《た》え忍《しの》び、許す心が大事であると思います。

2　事件や事故による苦しみにどう耐《た》えるか

不可抗力《ふかこうりょく》的な事件の場合

人生においては、自分の力ではいかんともしがたいような事件や事故などが起きることもあります。

例えば、十代の少年が人を殺したりします。「いかなる気持ちでそういうことをしたのか。また、その少年の家族の気持ちや、いかに」と思います。

少年犯罪《はんざい》などがあると、社会はそれを糾弾《きゅうだん》しますが、その家族は、いたたまれないでしょうし、なかには自殺する人もいます。これは、前節で述べた、名誉にかかわる自殺かもしれませんが、「隣《となり》近所に顔向けできない」ということで、親が死んでしまうこともよくあります。苦しいことです。

このような、一見、不可抗力《ふかこうりょく》に見えるものが出てきたとき、こういう人生といかに戦うかです。

私が小さいころに聞いた話に、次のようなものがあります。

高校時代に恋人《こいびと》同士だった男女が、その後、めでたく結婚して、新婚《しんこん》旅行でハワイに旅立ちました。

そして、ハワイのホテルで、ご主人のほうは、下の階にあるバーへ飲みに行き、そのあいだ、奥《おく》さんのほうは部屋で留守番《るすばん》をしていました。おそらく、片付《かたづ》けものでもしていたのでしょう。

ところが、一時間ぐらいして、ご主人が部屋へ帰ってくると、奥さんがひどく泣《な》いているのです。「どうしたんだ」と訊《き》くと、「外国人たちが入ってきて、乱暴《らんぼう》された」ということでした。

それでも、「二人の胸《むね》に納《おさ》めておこう」ということにして、日本に帰ってきました。

しかし、翌年《よくとし》、赤ちゃんが生まれると、外国人の特徴《とくちょう》のある赤ちゃんだったというのです。これはもう隠《かく》しようがありません。まさしく悲劇《ひげき》です。

結局、奥さんのほうは、川に身を投げて、死んでしまいました。

そういう話を聞いて、子供心《こどもごころ》にも、何ともやるせない気持ちがしたのを覚えています。

この場合、ご主人のほうには、新婦《しんぷ》を残して一人でお酒を飲みに行くという油断があり、それは一つの罪でしょう。一方、奥さんのほうにどれだけの罪があったかといえば、初めてハワイに行って、外国人たちにいきなり部屋のなかに入ってこられ、どうすることもできなかったのだろうと思います。さらに、よりによって、皮膚《ひふ》の色の違《ちが》う赤ん坊《ぼう》が生まれてくるという悲劇が重なりました。

そういう人生に耐《た》えられるかどうかです。これはなかなか厳《きび》しいテーマです。結果的に、その人は自殺を選んでしまったわけですが、実際に自分の身に降《ふ》りかかったとしたら、生き抜くのはなかなか難《むずか》しいかもしれません。

その赤ちゃんを養護施設《ようごしせつ》などに預《あず》けて、夫婦《ふうふ》はこれまでどおりの生活をするか。二人で故郷《こきょう》を離《はな》れて、誰《だれ》にも分からない所へ行くか。あるいは離婚《りこん》を選ぶか。いろいろと方法はあるでしょうが、苦しいテーマであることは間違《まちが》いありません。

しかし、それも、当然、この世的な原因があって起きたことではありません。油断があり、隙《すき》があったのです。

その当時は、日本人はまだ海外旅行に慣《な》れていない時代だったので、普通の人のように、海外旅行などせず、九州あたりにでも行ったほうがよかったのかもしれません。そうすれば、そういう悲劇はなかったでしょう。無理をして海外へ行き、不案内な場所で起きたことでもあります。また、ご主人のほうに油断があったということもあります。いろいろな偶然《ぐうぜん》が重なったということもあります。こういう罪を背負《せお》って生き抜けるかどうかです。考えてみると、なかなか深刻《しんこく》なものがあるように思います。

不注意による事故の場合

交通事故なども、ちょっとした油断によるものが多いでしょう。「殺したい」と思って人をはねる人はいません。しかし、ちょっとした油断から人をはねてしまった場合であっても、やはり大変です。

例えば、「長距離《ちょうきょり》運送のトラックの運転手をしていて、夜中に車を走らせ、明け方ごろに、眠くなって、少しウトウトした。そのほんの一瞬《いっしゅん》で、人をはねて死なせてしまった」というようなことがあります。たとえ一瞬の事故であったとしても、他人の人生を奪《うば》ってしまったことは間違いないので、その後、一生、それが付いて回ります。

そのようになったら、みなさんはどうしますか。自暴自棄《じぼうじき》になるでしょうか。やけになって自殺してしまうでしょうか。職業を替《か》えるか、家族はどうするかなど、いろいろな問題が起きます。その苦しみのなかを耐え抜けるかどうかが試《ため》されるのです。

「居眠《いねむ》りをした」という原因があったことは事実ですが、言い訳《わけ》をしようとすれば、いくらでもできます。夜中に長距離の運転をしていて、眠くならない人などいませんし、疲《つか》れがたまっていたということもあるでしょう。また、相手が不注意だったということもあるかもしれません。

ただ、相手が不注意だったとしても、人をはねて殺してしまった場合には、自分をなかなか許せないものです。その後、どうやって生きていくかということです。

3 撤退《てったい》戦略で再出発を

不況《ふきょう》の直撃《ちょくげき》を受ける中小企業《きぎょう》

最近は企業《きぎょう》の倒産《とうさん》件数が非常に増えていますが、倒産と自殺もかなり関係があります。

バブル景気といわれた時期には、どんな人が経営者をしても、わりにうまくいき、売上が右肩上《みぎかたあ》がりにどんどん増えていきました。

そのため、従業員《じゅうぎょういん》が十人、二十人の小さな会社や、四、五十人から百人ぐらいの会社の社長たちは、非常に高収入で羽振《はぶ》りがよかったのです。自分の給料だけではなく、いろいろと交際費を使い、外車に乗って遊んだり、銀座《ぎんざ》のクラブへ出かけて豪遊《ごうゆう》し、ママさんに法外《ほうがい》なプレゼントをしたり、札《さつ》びらを切ったりして、いい気分で遊んでいたわけです。

ところが、景気がガタッと崩《くず》れました。

中小企業の社長にとって、政府絡《がら》みの仕事で不況《ふきょう》の直撃《ちょくげき》を受けるというのは、予期しない事態です。大企業ならば、多少はそういうことも考えていたかもしれませんが、中小企業では、そこまで考える力もなく、突然《とつぜん》の景気の変化によって、乱気流《らんきりゅう》状態に陥《おちい》ってしまったのです。

そして、それまでの浮《う》いた気持ちが吹《ふ》き飛んでしまい、「仕事だ、仕事だ」と言って、一生懸命《いっしょうけんめい》にやろうとするわけですが、贅肉《ぜいにく》が付いた体質は急には切り替えられません。

売上を伸《の》ばそうと頑張《がんば》っても、不況なので、あまり伸びません。また、仕入れ先に対して、できるだけ安く買いたたこうとしても、先方も、「それでは、うちの会社が潰《つぶ》れてしまう」と言って、一生懸命に懇願《こんがん》してくるので、それもできません。従業員のクビを切ろうと思っても、好景気のときに、「一生、君たちを養《やしな》ってあげる」と公言していた手前、切るに切れません。そして、追い込まれていくのです。

追い込《こ》まれる経営者

そのように、会社の経営状態が悪くなった段階《だんかい》では、お金を貸《か》してくれる銀行はまずありません。

お金が余《あま》っているときには、「要《い》らない土地を買ってでも借金をつくってくれ」と言って、お金を貸してくれた銀行が、不況になると、今度は、「貸してほしい」とお願いしても貸してくれなくなります。「晴れた日には傘《かさ》を貸し、雨の日には傘を取り上げる」というようなことが、現実に日本各地で起きたのです。

そこで、しかたがないので、担保《たんぽ》がなくてもお金を貸してくれるようなところに借りに行きます。経営状態が悪くてもお金を貸してくれるようなところというのは、だいたい想像がつくとおりです。そういうところでは、何十パーセントもの利息《りそく》が付き、裏《うら》に、ヤクザ、暴力団がいます。

そういうところからお金を借り、当面の資金繰《ぐ》りの手当てをして生き延《の》びたとしても、借金を重ねていくうちに、だんだん返せなくなってきます。

そうすると、向こうは「金を返せ」と言って追いかけてくるようになり、「民事不介入《みんじふかいにゅう》だから、警察《けいさつ》を呼《よ》んでも無駄《むだ》だ」と脅《おど》し、「おまえが金を借りたのが悪いんだ。早く返せ」と怒鳴《どな》り込《こ》んできます。さらに、奥さんの実家のほうまで取り立てに来ます。ヤクザのような人が、毎日、あちこちに取り立てに来るので、こちらは、周りから責《せ》め立てられて、四面楚歌《しめんそか》になっていきます。

そうなると、一家で夜逃《よに》げをします。しかし、逃げても、また見つかります。

その次はどうするかというと、自分の生命保険を目当てに自殺を考えます。経営者には、こういう自殺が非常に多いのです。

ところが、受取人の手続きをきちんとしていなかったために、保険金が奥さんや子供に入らずに差し押《お》さえられてしまうこともあります。

こういうときには、逃げたり、面子《メンツ》にこだわったりせずに、きちんと専門家《せんもんか》に相談し、破産《はさん》手続きを行《おこな》って、負債《ふさい》の額《がく》を確定すれば、それなりに対応は可能《かのう》なのです。ところが、それをしないで逃げ回るために、かえって傷口《きずぐち》を大きくすることがあります。ヤクザまがいの人が乗り込んできて、恐喝《きょうかつ》、脅迫《きょうはく》などをしてくるのですが、こちらにも負《お》い目があるので、逃げるに逃げられないのです。

そういう事態になったのは、自分が悪かったといえば、そのとおりです。脇《わき》が甘かったということもありますし、「返せない」と思いつつお金を借りたのもいけなかったのです。

撤退ができないと傷口《きずぐち》を大きくする

そのように、夜逃げや自殺に追い込まれていく人がいますが、それは、その前の段階において撤退戦略を知らなかったために起きていることなのです。

「不況時には好況時《こうきょうじ》とは違う行き方がある」ということを知らないために、撤退ができない社長がいます。そういう人は、成功しか知らず、そのために傷口《きずぐち》を大きくしているのです。

ただ、撤退戦略の知識があったとしても、後始末《あとしまつ》は極《きわ》めて難しいものがあります。

ちなみに、ヤクザのような取り立て屋に対しては、理性的な説得は、ほぼ不可能です。理性的に対応しても、彼らは、別な意味で非常に〝頭がよい〟ので、言葉尻《じり》や論理《ろんり》の隙《すき》を捉《とら》えて絡《から》んできます。いくら理屈《りくつ》で言ったり理性的に言ったりしても、必ずどこかに引っ掛《か》けてきて、さらに息巻《いきま》いてくるので、理性外の対応をするしかありません。

江戸《えど》時代の本にも、「年末にやってくる借金取りを、いかにして撃退《げきたい》するか」というようなことを取り扱《あつか》ったものがあります。それには、「借金取りが来たら、ニワトリの首をつかんでコケコッコと鳴かせ、その首をはねる。そうすると、相手がおびえて逃げ帰る」などと書いてあります。

現代でも、それと似《に》たことが通用するようです。奥さんが一芝居《ひとしばい》打って、気が狂《くる》ったふりをするという方法です。大声でわめいたり、「出ていけ」と叫《さけ》んだりして暴《あば》れまくると、ヤクザが退散《たいさん》することがあり、わりに効《き》き目があるようです。ただ、相手が「これは頭がおかしいのではないか」と思うぐらい頑張らなければ、やはり、なかなか帰ってくれないでしょう。

それは余談《よだん》として、借金で追い詰《つ》められて自殺をする社長は数多くいますが、世間《せけん》の目は意外に冷たいものです。羽振りがよいときは、お金に糸目を付けずに、わがまま勝手なことを、これ見よがしにやっていた人たちなので、「ざまを見ろ」などと思われることも多いのです。

そのようなときには、反省を求められているのですが、兵の引き方、最後の始末の仕方などについて、あまり考えたことがなかったために、思わぬ不幸を呼《よ》んでしまう人もいるのです。

そういうときには、名誉のところはいったんおいて、撤退戦略を立て、人生の再出発ができる方法はないかどうかを考えなければいけません。

事前に手が打てなかったために、そのような事態になったことは事実なのですが、ただ、その段階で単に自殺を選ぶのではなく、もう少し踏《ふ》みとどまって、戦えないかどうかを考えていただきたいのです。

次々とお金を借りて歩くのがいちばん危険《きけん》なことなので、それはいいかげんにやめて、会社を潰《つぶ》すことを考えなければいけません。会社を潰さないことばかりを考えているから、いろいろと、よくないお金を借りて、返せなくなっていき、苦しむのです。「いっそ、きれいに会社を整理しよう」と思えば、生きる道がまたあるのです。

世の中には、会社を倒産させても、次には成功する人もいます。何度も倒産させても、最後に成功する人もいます。また、倒産を経験し、会社の経営からは手を引いて、堅実《けんじつ》な勤《つと》め人《にん》になる人もいます。生き方はいろいろありますが、苦し紛《まぎ》れの行動をして被害《ひがい》を大きくしないようにすることが大切です。

一か八《ばち》かの勝負をするのではなく、被害を小さくすること、どのようにして生き延びるかということを考えなければいけません。

まず、自分と家族を護《まも》ることを考えてください。それが大事です。

男というものは、仕事上の面子のために死んでしまうことがあります。妻《つま》のほうは家庭問題等で自殺をしますが、夫のほうは、「面子が潰れる」とか、「社長としての体面が許さない」とか、そういうことで自殺をするのです。

資本主義では淘汰《とうた》は避《さ》けられない

会社というものは、できては潰れ、できては潰れするものです。資本主義の世の中では、それはしかたがないことであり、潰れることも〝予定〟のうちに入っています。いろいろなものができては、淘汰《とうた》され、潰れていくのです。

客観的な目で見れば、悪いものは淘汰され、よいものは残っています。不況期であっても、よいものは伸《の》びています。

「自分の会社が、悪いものとして淘汰される側《がわ》に入るのは納得《なっとく》がいかない」という気持ちは分かりますが、マクロの目で見れば、悪いもののほうに入ったということなのです。

「悪いもの」という言い方が悪ければ、「弱いもの」「競争力のないもの」と言ってもよいでしょう。あるいは放漫《ほうまん》経営です。商品力の弱さや放漫経営などのために、結局、滅《ほろ》びるほうに入ってしまったのです。

それは資本主義では必ず起きることです。よい会社が生き延びていき、その結果、顧客《こきゃく》は、よいサービスを受けたり、よい商品を安く手に入れたりできるのです。

マクロの目で見れば、そのようにして全体が生きています。

しかし、ミクロの視点《してん》では、自分の会社が潰れてしまうこともあるわけです。つらいことではありますが、能力不足、見識不足によって、そういう運命に立ち至《いた》っているのです。

生きてこそ、立て直しもできる

事《こと》ここに至っては、敗戦処理《しょり》をしなくてはいけません。「会社をいかに上手《じょうず》に閉《し》めるか」ということを考えなければいけないのです。上手に閉めることができた人は、自殺せずに済《す》みます。ところが、閉めそこなった人は、自殺したり、一家心中《しんじゅう》になったりすることがあるのです。

したがって、勝つことばかりを考えるのではなく、撤退戦というものがあることを知らなければいけません。被害をどれだけ食い止めるかが大事です。撤退して被害を食い止めれば、もう一度、戦力を立て直すことができるのです。ところが、それをしないと、全滅《ぜんめつ》してしまうことがあります。

あの織田信長《おだのぶなが》でさえ、「負けだ」と思ったときには、命《いのち》からがら、一騎《いっき》で逃げています。仲間《なかま》と思っていた浅井《あざい》氏が敵《てき》に寝返《ねがえ》り、自分の軍が朝倉《あさくら》軍と浅井軍に挟《はさ》み撃《う》ちにされたときに、信長は、「予期せぬ挟み撃ちに遭《あ》ったら、命が幾《いく》つあっても足りない」ということで、身一つで京都へ逃げ帰っています。

面子ではないのです。もし、「自分は天下人《てんかびと》だ」「自分は日本一強い」といった面子を護《まも》ろうとしたならば、たとえ敵が二倍になろうと、裏切《うらぎ》りに遭おうと、戦わなければいけなかったでしょうが、信長は、「勝ち目なし」と悟《さと》ったら、即《そく》、逃げ帰っています。

逃げることが下手《へた》な人で、生き延びて勝ち上がった武将《ぶしょう》はいません。「勝つべきときには勝ち、負けるべきときには上手に兵を引く」というのが、長く勝ち残っていくための方法なのです。

会社の経営でも同じです。勝てるときもありますが、負け戦《いくさ》のときもやはりあります。負け戦のときに、いかにうまく兵を引き、そして立て直しをするかということが大事なのです。

「長く勤めた社員に申し訳《わけ》ない」ということで、なんとか、会社の存続《そんぞく》を図《はか》ろうとして、借金に借金を重ねて生き延びようとする人がいます。しかし、そういうときには、「社員全員が生き延びることはできなくても、社員の八割が生き延びる方法はあるのではないか」という考え方もあるはずです。

八割が生き延びるためには、どうしたらよいでしょうか。閉めるべき部門や、切るべき商品、削《けず》るべき商品があるでしょう。返すべき借金もあるでしょう。

このように、「八割でも生き延びることはできないか」という考え方も大事です。全員が生き延びることを考えて、かえって、潰れてしまうこともあるのです。知恵《ちえ》を尽《つ》くして、撤退のための戦略も立てないと、ただただ負け戦に入っていき、自殺という結果になることも多いのです。この世的な知恵も、使うべきところは使わなければいけません。

「最後は破滅《はめつ》すればよい」という論理は、やはり避《さ》けるべきです。生きてこその人生であり、生きてこそ、立て直しもできるのです。過去《かこ》に失敗が多かったとしても、やり直しは可能なのです。

最終的に、自殺したり、一家心中になったりするぐらいならば、その前に、やるべきことがあるのではないでしょうか。そう考えれば、確《たし》かに、やるべきことはあるのです。そこまでの状態になる前に、「あれはやめておけばよかった」「これをしなければよかった」ということは、いくらでもあるはずです。

そのように、やれるだけのことをやって、撤退をしなければいけません。

恋愛《れんあい》や受験も勝率を考えて

面子やプライドが潰れて自殺をする人は、経営者だけではありません。恋愛《れんあい》などで失敗して自殺をするという場合もあります。その場合、たいていは、分不相《ぶんふそう》応《おう》な相手との結婚《けっこん》を望んで失敗したケースが多いのです。

しかし、恋愛においても、やはり、ある程度の確率戦で考えるべきなのです。映画《えいが》スターと結婚できる人も、もちろん、いるでしょうが、自分がそのなかに入ることは、めったにありません。大スターと結婚しようと思っても、ライバルは千人も二千人もいるでしょうから、確率的には、普通《ふつう》はないことです。また、相手がスターではなくても、恋愛には、そう簡単《かんたん》に成就《じょうじゅ》しないものもあります。

したがって、恋愛の場合も、確率として、成功の可能性がどのくらいあるかを、冷静に弾《はじ》き出さなければいけません。女性であれば、「彼《かれ》の外見や収入、立場などから見て、私のような女性が結婚できる可能性はどのくらいあるか」ということを、悲しいことではありますが、ある程度、弾き出すべきなのです。可能性が五割を超《こ》えているかどうか、八割ぐらいあるか、あるいは三割か、二割か、それをできるだけ冷静に計算すべきです。

そして、努力できる部分は努力してもよいのですが、「これ以上の努力をしても無駄《むだ》になる」という、一定の範囲《はんい》はあると思うので、それを見極《みきわ》めて、その範囲を超えたときには撤退戦《てったいせん》をすべきなのです。自分に合った人は、ほかにまた必ずいるものです。

努力できる範囲はありますが、それを超えたときには、そこから先は執着《しゅうちゃく》になります。なぜなら、相手には相手の都合《つごう》があるからです。相手を不幸にしてまで結婚することはできません。相手には相手の望みがあるので、一定のところで、諦《あきら》めなければいけないのです。

勝率を計算して、「自分として可能な範囲はどこまでか。押《お》し切れるかどうか」ということを考え、もし無理であれば、撤退戦をすることです。

結婚のチャンスは、またあります。一年か二年すれば、別の相手が出てくるものです。今の相手が必ずしも人生最後のチャンスではないのです。世の中には七十歳を過《す》ぎてから結婚する人もいるので、二十代で、早まったことをする必要など全然ないのです。

このように、恋愛問題なども、ある程度、確率戦で考える必要があります。

また、受験で失敗することもあります。これも、一定の確率戦だと考えなければいけません。「勝率は何割ぐらい」と、ある程度、敗北も織《お》り込《こ》んで考えるべきなのです。

「また次のチャンスを狙《ねら》う。人生の立て直しのチャンスを狙う」という姿勢《しせい》が大事であると思います。

4　自分を許《ゆる》す勇気

負け戦《いくさ》のときに必要なものとは

この世での知恵《ちえ》の話をしてきましたが、この世においては、この世で生き抜《ぬ》くための方法、知恵を駆使《くし》して戦うべきだと思います。

ただ、いくら知恵を駆使して戦っても、人間として、勝てない戦いは、やはりあります。

例えば、みなさんが「どうしても総理大臣になりたい」と思っても、なれる見《み》込《こ》みはあまりないでしょう。確率的に見れば、千分の一も万分の一もないでしょう。

それでは、総理大臣になった人が、みなさんよりも優秀《ゆうしゅう》かといえば、それほどでもないこともあります。不思議なことですが、総理大臣になる人は、そういう運命にあったとしか言いようがないのです。逆に、そういう運命にない人は、「総理大臣になりたい」と思っても、なかなかなれず、敗《やぶ》れる可能《かのう》性のほうが高いのです。

あるいは、もし「天皇《てんのう》になりたい」と思ったならば、これは革命《かくめい》を起こすことになるので、天皇になるよりも先に、死刑《しけい》になる可能性のほうが高いでしょう。

したがって、ある程度、冷静に考え、この世的な力を尽《つ》くして戦い、勝つべきではありますが、勝てずに、負け戦《いくさ》になるときもあります。そのときの踏《ふ》ん張《ば》り方、耐《た》え忍《しの》び方が大事なのです。

知恵を尽くしても勝てず、敗れ去ったとき、次に必要なものは何でしょうか。それは勇気です。どのような勇気であるかといえば、自分を許《ゆる》す勇気です。

「自分は駄目《だめ》なのだ。こんな人間は駄目なのだ」と、自分を責《せ》める思いもあるでしょうが、自分を許す勇気も必要です。「自分なりによく頑張《がんば》った。力の限りを尽くした。しかし、力及《およ》ばなかった。これについては、しかたがない」と、自分を許す力、自分を許す勇気が必要なのです。

「一生懸命《いっしょうけんめい》、努力し、頑張ったけれども、武運拙《ぶうんつたな》く、どうしても成功に届《とど》かなかった」というときに、潔《いさぎよ》く、戦いの矛《ほこ》を納《おさ》め、負けを認《みと》める勇気が要《い》ります。負けを認めるのはつらいことですが、そうする勇気が必要です。そのときに、自分を許す力というものが出てくるのです。

心の苦しみにも時効《じこう》があってよい

自分を許せないために、十年も二十年も苦しんでいる人はたくさんいます。

「人間関係で失敗した」「会社で失敗した」「事業で失敗した」「異性《いせい》関係で失敗

した」など、過去の失敗の経験はいろいろあるでしょう。大勢《おおぜい》の人が、さまざまな苦しみのなかで生きているわけであり、この世には、人間の数だけの苦しみと失敗、挫折《ざせつ》があるのです。

残念ながら、全員が成功することはできません。ある人にとっての成功は、ほかの人にとっての失敗であることも多いからです。

そのときに、いつまでも苦しみ続けるのは愚《おろ》かだと思います。反省すべきことは反省し、今後はしないようにすることです。詫《わ》びるべきことは詫び、認めるべき間違《まちが》いは認めることです。しかし、一定の期間を超《こ》えて長く苦しみ続けることは、愚《ぐ》の骨頂《こっちょう》であると思わなければいけません。

法律《ほうりつ》の世界では、民法《みんぽう》でも刑法《けいほう》でも、時効《じこう》という制度があります。その理由のなかには、「年数がたつと、債権《さいけん》・債務《さいむ》関係がよく分からなくなる」「証拠《しょうこ》がよく分からなくなる」というような技術的なこともありますが、もう一つには、民事《みんじ》であろうと刑事《けいじ》であろうと、「人の記憶《きおく》が薄《うす》れていく」「怒《いか》りが薄れていく」ということもあるのです。

例えば、民事で、「貸《か》したお金を返せ」という争《あらそ》いがある場合に、年数がたつと、本当に貸したかどうか、債権・債務関係が分からなくなってきますし、人の記憶も薄れてきます。「十年も二十年もたってから、『返してくれ』と言うようなお金は、そもそも、返してもらっても返してもらわなくても、どちらでもいいようなお金だったのではないか」というような見方もあります。

あるいは、殺人事件でも、時間がたつと、「実は、こんなことがあった」などと言っても、証拠もないし、当時の関係者もいないし、事実関係が分からなくなります。そして、憎《にく》しみや恐怖《きょうふ》などの感情も薄れてきます。

こういうことが時効制度の背景《はいけい》にはあるのです。

法律にも、そういうものがあるならば、人間の心、自分自身の心においても、一定の時効があってよいと思います。

「この問題については、自分は十分に苦しんだ。もう三年もたったのだから、自分を許そう」というように思うことです。

5　他の人を許す勇気

人を憎《にく》み続けない

他の人に対しても、「自分は、『一生、あの人を憎《にく》み続けよう』と思っていたけれども、これ以上、憎み続けても、自分も苦しい。もう、あの人を許そう」というように思うことが大事です。

人を憎んでいると、たいてい、体の調子が悪くなります。憎まれている人、憎しみを受けている人も調子が悪いのですが、憎んでいる人も、やはり調子が悪いのです。

原因不明の病気になったりする人は、多くの場合、憎しみの感情を強く持っています。「許せない」という憎しみの感情を持っていると、精神の作用《さよう》によって、病巣《びょうそう》が体のなかにできてくるのです。破壊《はかい》的な思い、憎しみの思いが物質化して、ガン細胞《さいぼう》になったりすることもあります。そのように、思わぬところで病気が出てくるのです。

したがって、自分自身のためにも、人を許さなければいけません。自分自身のことも許さなければいけませんが、他の人のことも許さなければいけないのです。

自分に対して害をなした人、自分に恥《はじ》をかかせた人、自分を迫害《はくがい》した人、自分を侮辱《ぶじょく》した人など、そういう人は、確かに、たくさんいるでしょう。しかし、許さなければいけません。一年、苦しめば、あるいは、三年、五年、苦しめば、もう十分です。

そういう人たちも、現在は変わっているかもしれないし、反省しているかもしれません。「そのときは侮辱したけれども、あとで反省した」ということもあるのです。

あるいは、「宗教《しゅうきょう》を信じている」と言ったために、さんざんバカにされたとしても、三年後には、バカにしたその人も宗教を信じているということだってあるわけです。そのように、相手が変化していることもあるのです。

したがって、憎み続けるべきではありません。ひどいことをされて、苦しい思いをしたとしても、それをいつまでも恨《うら》み続けるのではなく、「相手も不完全な人間なのだ」と思わなければいけないのです。

悔《くや》しさにも時効をかける

例えば、次のような例があります。

ある外食産業の会社を始めて大成功をした社長がいます。その人は、自分の成功について、自信満々の本を書いているのですが、それを読むと、そういう人でも、小学校時代の悔《くや》しい経験のことが忘《わす》れられないらしいのです。

「自分は、『弘法大師《こうぼうだいし》の再来《さいらい》か』とまで言われた秀才《しゅうさい》だったのに、旧制中学を受けて、落ちてしまった。ところが、よく調べてみると、担任《たんにん》の先生が、内申書《ないしんしょ》に、『こんな生徒は入れないほうがよい』と悪口を書いていたことが分かった」というのです。

その先生は、付け届《とど》けをする家の子には、よい内申書を書いていたのですが、彼の母親は非常に潔癖《けっぺき》な人だったので、先生に盆暮《ぼんく》れの贈《おく》り物をしなかったのです。そうしたら、先生は内申書に悪口を書き、中学校の側《がわ》がそれを真《ま》に受けてしまったため、自分より成績が下の人は受かったのに、自分は見事に落ちてしまったというわけです。

そこで、その人は、別の小学校で六年生をもう一度やり、翌年《よくとし》は無事、中学に入ったそうです。

そのことを、何十年もたってから本に書いているので、よほど悔しい思いがあったのでしょう。それがバネになって、その後の活躍《かつやく》にもつながったのだと思いますが、そういう理不尽《りふじん》なことがあると、何十年たっても、なかなか忘れられないものなのかもしれません。

その人は、たまたま相性《あいしょう》の悪い担任の先生に当たってしまったのでしょう。その先生は、弱い人間で、お中元《ちゅうげん》やお歳暮《せいぼ》を贈ってくる家の子には、「よい内申書を書いてあげよう」と思っても、贈ってこないところに対しては、「どうせ、自分のことを悪く思っているのだろう」と思い、気に食わなかったのでしょう。そして、「実力一本で受かってやる」などと思っている生徒に対しては、「鼻っ柱をへし折《お》ってやりたい」と考え、内申書に悪口を書いたのでしょう。

ところが、「先生にそういうことを書かれたことが、あとで分かった」と言って、その人は怒《おこ》っているのです。

その人は、今は大成功をして大金持ちになっています。そのことが発奮《はっぷん》材料になったという見方をすれば、プラスに転じたとも言えるのですが、その悔しさは、何十年たっても消えないようです。

そのように、失敗をしたり、人の侮辱、軽蔑《けいべつ》、迫害などを受けたりして発奮するというのは、人生の一大転機としてはよいことなのですが、一定の年月がたったならば、やはり時効をかけなければいけません。そうしなければ苦しみが残りますし、人を憎んだり、恨んだりする気持ちが残っている人というのは、どこか地獄《じごく》的で、よろしくないものがあります。

時効の期間は自分で決めて結構ですから、一定の期間が過ぎたときには、「もう、この辺で自分を許そう」「もう、この辺であの人を許そう」というように考えてください。

6　失敗も一つの経験

昔の中国などでは、戦争に負けても敵に降《くだ》ることは許されず、「もし降参《こうさん》して帰ってきたら、その人の一族が皆殺《みなごろ》しにされる」というような風習がずいぶんあったようです。そのため、前漢《ぜんかん》の時代の李陵将軍《りりょうしょうぐん》などは、匈奴《きょうど》と戦って敗れ、次は敵軍に入って漢軍と戦いました。

そのように、将軍が戦《いくさ》をして負けた場合、死刑にされたり、追放されたりする国もあったのです。

しかし、古代ローマでは、逆に、「負けても、いったん呼《よ》び戻《もど》して〝リハビリ〟をさせ、何年かしたら、もう一度、将軍として出す」という方法を取っていました。これが古代ローマの強さの秘密《ひみつ》です。

「負けた人は、負け戦の経験を得たのだ。『こういう戦い方をしたら負ける』ということを学んだのだ」と考えるわけです。「初めて戦いに出た人は、前の人と同じような間違いを犯《おか》して負ける可能性があるので、それよりは、一度、敗れた経験のある人のほうがよい」というのがローマの考え方です。そのため、負け戦をした人でも、しばらくしたら、また将軍に立てて、何度でも出すのです。

初めて戦をする人は経験がないので、前の人と同じような間違いをしてしまうことがありますが、負け戦をした人は、負けるたびに知恵が付いています。戦って敗れた人は、自分がどういう負け方をしたかを知っています。「その知恵を無《む》駄《だ》にすることはない」ということです。

これは、軍事における、民主主義的な考え方の応用だと言えるでしょう。

現代の日本の政治においても、大臣をした人が、いったん平《ひら》の議員に戻って、また大臣になったり、政権を担当《たんとう》している政党が何度か替《か》わったりしていますが、これは、ローマ的な考え方が、民主主義政治のなかに流れているということです。負けても負けても、経験を積んで、また生き返ることができるわけです。

これは、政治システムのなかに罪の許しの原理が入っているケースだと思います。

また、仕事においても、「信賞必罰《しんしょうひつばつ》」ということはありますけれども、一定の範囲《はんい》で、許す力が戦力になるということも知らなければいけません。

一度も間違いを犯さずに定年を迎《むか》えられる人は数少ないのです。むしろ、そういう人というのは、まったく仕事をしなかった人である場合が多いのです。仕事をしない人には失敗もありません。しかし、積極果敢《かかん》に仕事をする人は、失敗の数も多くなります。

もちろん、失敗した人をそのまま放置することは、全体の士気《しき》にかかわるので許されないでしょうから、信賞必罰で臨《のぞ》むべきだとは思います。ただ、失敗も一つの魂《たましい》の糧《かて》であるので、「一定の期間をおいて、またチャンスを与《あた》える」という考え方が大事だと思うのです。

罪の許しが仕事の原理に加わってくると、「失敗も一つの経験である」という見方が出てきます。これは、自分にとっても、ありがたい見方ですが、他の人に対しても、そういう見方、扱《あつか》いをしたほうが、戦力は増えることが多いのです。

7　人生の持ち時間のなかで逆転の努力を

罪《つみ》を許《ゆる》す力について、いろいろな角度から述べてきましたが、私が言いたいことをまとめるならば、次のようになります。

この世の人生は長く生きても百二十年であり、たいていの人は数十年しか生きられません。そして、「また生まれ変わってこよう」と思っても、すぐに生まれ変わってくることはできません。

今世《こんぜ》も、お願いにお願いを重ねて、せっかく、この世に生まれてきたのですから、そんなに死に急ぐことはないのです。いずれは死ななければいけない身であり、死ぬ時期は必ず来るのです。

そうである以上、残された持ち時間のなかで、逆転できないかどうか、努力してみる価値《かち》はあると思います。同じチャンスは二度とないので、できるだけ頑張《がんば》ってみるべきです。

そのためには、あまり完全主義的な傾向《けいこう》は持つべきではありません。人間の持つ不完全な部分、ある意味における動物性、動物的な部分を受け入れることです。

自分にも他人にも動物的なところがあり、だからこそ、感情のままに流されて、怒《おこ》ったり、嘆《なげ》いたり、わめいたり、失敗したり、被害者《ひがいしゃ》意識を持ったり、攻撃《こうげき》したりすることがあるのです。

人間には、そういう不完全な部分があり、不完全な部分があるからこそ、まだ修行《しゅぎょう》が残っているのだということを知らなければいけません。「不完全さをも受け入れなさい」ということです。

そして、罪というものをあまり追及《ついきゅう》しすぎると、さらに、新しい大きな罪をつくってしまうこともあります。あまりに潔癖《けっぺき》すぎて、また大きな罪を犯《おか》すこともあるのです。

会社の経営における失敗などは、よくあることです。ただ、そのときに、プライドが許さないため、引くに引けず、強気一点張《いってんば》りで、さらに破滅《はめつ》に向かっていく場合があるのです。その結果、自分のみならず、妻子《さいし》まで犠牲《ぎせい》になってしまうこともあります。しかし、それを避《さ》けることはできたはずなのです。

したがって、名誉《めいよ》やプライドだけで戦うのではなく、冷静になって対応の仕方を考えることです。この世的な知恵で対応できるものは、知恵を尽《つ》くして考えるべきです。

さらに、知恵が尽きたら、次は勇気も必要です。自分を許すにも勇気が要《い》りますし、他人を許すにも勇気が要ります。その勇気を持たなければいけません。

8　合理性を超《こ》えた世界を信じる

宗教《しゅうきょう》の神秘《しんぴ》性

勇気という面では、宗教《しゅうきょう》というものは非常に大きな力を持っていると思います。

例えば、キリスト教は、もう二千年も前の宗教であり、かなり神話のベールに包《つつ》まれているため、現代の人々は、『聖書《せいしょ》』をぼんやりとしか理解していません し、そこに書かれている、さまざまな不思議な物語も、象徴《しょうちょう》的にしか読みません。

また、それについて深く議論《ぎろん》をすることもありません。

『聖書』には、「処女《しょじょ》マリアが懐妊《かいにん》してイエスを産んだ」ということが、奇跡《きせき》として語られていますが、これについて考えてみましょう。

現代でも、結婚式のとき、すでに妊娠《にんしん》していて、お腹《なか》の大きい花嫁《はなよめ》さんはよくいます。お腹が大きいために、新婚《しんこん》旅行に行けないという人もいます。

結論《けつろん》的に言えば、おそらく、二千年前にそういうことが起きたのだと考えてよいでしょう。結婚前に身ごもったのだろうと思います。それだけのことです。

しかし、宗教としては、それを「処女懐胎《しょじょかいたい》」と称《しょう》し、二千年間、押《お》し通していきます。ずっと押し通すと、それなりに論理が通ってきて、むしろ、それが神秘《しんぴ》的な部分になってくるのです。

そうすると、単なる男女の問題ではなくなり、「人間というのは、肉体としてのみ生まれるのではなく、聖霊《せいれい》が宿って生まれるのだ。魂《たましい》が宿るのだ」という、神秘的なものになってきます。そして、「聖霊が宿って、イエスが生まれたのだ」ということを重視《じゅうし》する思想になります。確かに、「聖霊が宿る。魂が宿る」というのは本当のことです。

さらに、「イエスは罪なくして生まれたのである。穢《けが》れなくして生まれたのである」ということを象徴的に表《あらわ》すことになります。この世的には、強引《ごういん》にこじつけた話でしょうが、象徴的には、そういうことになるのです。

では、イエス自身についてはどうでしょうか。

イエスは教えを説《と》き、彼《かれ》には十二人の主要な弟子《でし》がいました。また、彼に従《したが》う群衆《ぐんしゅう》が何百何千といました。ところが、三年あまり伝道をすると、彼は罪人《ざいにん》と一緒《いっしょ》に十字架《じゅうじか》にかかって死んでしまいました。

弟子たちは、「十字架にかかっても、天使が来て救《すく》うのではないか。最後に奇跡が起きるのではないか」と思って見ていたのですが、イエスはそのまま死んでしまったのです。奇跡はまったく起きず、誰《だれ》も助けに来ることはなく、茨《いばら》の冠《かんむり》をかぶせられたイエスは、本当に死んでしまいました。これは大変な驚《おどろ》きでした。

弟子たちはショックを受け、いったん離散《りさん》して、いなくなってしまいました。

しかし、やがて、弟子たちは、この罪人《つみびと》として死んだ人のことを、「救世主《きゅうせいしゅ》である」と主張し始め、「イエスは復活した」と言い出します。そういう信仰《しんこう》を立てて、押し通すのです。そうすると、次第《しだい》にそれが通っていきます。

イエスの復活は、魂においては、そのとおりです。肉体は死んでも、魂は死んでいません。この世では罪人として死んでも、天上界《てんじょうかい》では、偉大《いだい》な魂として、よみがえっています。復活は、そのことを象徴しているのです。

ところが、『聖書』を読むかぎりでは、ゾンビのように肉体的によみがえったとしか読めません。そのように書いてあります。かなり強引であり、それは事実ではないのです。

しかし、そのような復活の思想を打ち出し、救世主信仰を立てています。この世的な見方からすると、まったく正反対であり、百八十度違《ちが》う話ですが、そういう信仰を立てて、押し通すわけです。

押し通しているうちに、それが、次第に真実になっていきます。不思議ですが、これが宗教の世界なのです。

不合理なればこそ、我《われ》、信ず

宗教は、「合理的だから信じる」というものではないのです。「合理的だから信じる」というのは、宗教ではありません。それは当たり前のことであり、誰でもすることとです。

例えば、「これはよい品で、よそより安いので、買ってください」と言われて、「分かりました。買いましょう」と言うのは合理的です。これは当然の経済効用です。宗教は、信仰は、このようなものではありません。

宗教には非常に不合理なところがあります。「不合理なればこそ、我《われ》、信ず」「不合理であるからこそ信じる」という部分が、宗教にはどうしても残るのです。

「不合理であるからこそ信じる」という人が出てきたときに、宗教は、時代の変遷《へんせん》を超《こ》えて生き延《の》びるものになるのです。

合理性の基準《きじゅん》は時代と共《とも》に変わっていくものであり、五十年、百年、二百年とたてば、違ったものになっていきます。

経済原理においては、「これは安くてよいものだ」と言っていても、もっと安いものが出てきます。「これは最高のカラーテレビだ」と言っていても、もっと便利なものが出てきます。「公衆《こうしゅう》電話はよいものだ」と言っていても、携帯《けいたい》電話が出てきます。

そのように、この世は日進月歩《にっしんげっぽ》の世界であり、この世においては、「最高によいものだ」と言われるものも、どんどん変わっていきます。

したがって、この世の合理的な選択《せんたく》や判断だけを信じることはできません。それを信じることは、宗教の世界ではないのです。

宗教の世界は、永遠の世界、不滅《ふめつ》の世界であり、そこには不滅の真理がありま す。そのなかには、やはり、「不合理なれど、我、信ず。不合理なればこそ、我、信ず」というところがあるのです。

その不合理ななかに、実は象徴的なものがあります。肉体的、物質的なもの、この世的なものを超えた、象徴的な真実があります。その象徴的な真実を誰もが信じ始めたときに、それは不滅のものになるのです。

この世でよりよく生きていくためには、合理的な思考、合理的な判断、合理的な行動は大事です。この世的な足腰《あしこし》が強くなければ、この世で十分に生き抜くことはできません。

しかし、それだけにとどまったならば、宗教にはならないのです。それを超えたもの、「不合理だからこそ信じる」という部分が、宗教にはどうしても必要です。これこそが、実は永遠不滅のものなのです。

キリスト教は二千年前の教えです。それは日本で言えば弥生《やよい》時代が始まるかどうかぐらいの時代です。二千五百年前に説かれた仏教は、縄文《じょうもん》時代の教えです。まだ石器や土器などが使われていた時代です。

そのような時代の人が説いた教えを、現代人が信じられるでしょうか。その時代の教えが、現代にそのまま通用するでしょうか。この世的にのみ考えるならば、合理的な考え方からいけば、ほとんど通用しないでしょう。

しかし、その教えのなかにある象徴的なものは、普遍《ふへん》の力、不滅の力を持っています。それが見えてこなければ、宗教にはならないのです。

幸福の科学も同じです。幸福の科学は、現代において非常に威力《いりょく》のある宗教です。また、特徴《とくちょう》のある宗教です。力もあり、合理性もあります。しかし、それを超えたものがなければ、宗教としての不滅性は出てこないのです。

世の中には、おかしな宗教もたくさんありますが、それでも信じる人が何万人も何十万人もいます。その宗教のなかには、この世的な見方では見えないものもあるのかもしれません。邪教《じゃきょう》と見えるもののなかにも、実は宗教的真実を体現《たいげん》しているものもあるかもしれないのです。それを否定《ひてい》してしまっては、宗教としての真髄《しんずい》は見えないこともあります。

大宗教であっても、最初のころに迫害《はくがい》されたものは数多くあります。真実なるものは、最初の時期においては、この世の現実や合理性と合わないことが多いからです。

合理性を超えた部分を信じる人が増えなければいけません。

「合理的だから信じる」というのは、「携帯電話は便利だから使う」という考えと同じです。「この宗教は便利だから使う。役に立つから使う。ご利益《りやく》があるから信じる」という人だけでは、やはり長くは続かないのです。イエスの弟子たちが、イエスがみすみす死んでいくのを見て信じられなくなったのと同じようなことになるでしょう。

したがって、合理性を超えた世界というものを信じなければいけません。宗教を信じ、実践《じっせん》している人たちは、その部分を感じ取っていかなければならないと思います。

いろいろなことを述べましたが、少し次元を変えたパターンで、罪を許す力というものを理解していただければ幸いです。

第3章

仕事能力と悟《さと》り

――多くの人々を幸福にする人間となるには

1　仕事能力も高かった釈尊《しゃくそん》

釈尊の修行《しゅぎょう》と伝道

「仕事能力と悟《さと》り」という題で述《の》べていきたいと思います。

なぜ、こういう題を付けたかというと、みなさんは、「仕事能力は在家《ざいけ》の能力であり、悟りは出家《しゅっけ》の能力である」というように考えがちであり、意識が二つに分かれているように感じるからです。

これは、ある意味で、一つの逃《に》げ場になっているのかもしれません。そのように考えることによって、仕事のできない人は、「自分は悟りが高いのだ」と思い、悟りの低い人は、「自分は仕事ができるのだ」と思って、どちらにでも逃げられるようになっている感じがします。

そこで、この点について少し考えてみたいと思うのです。独《ひと》りで修行《しゅぎょう》して悟るというか悟りについては、「山のなか、洞窟《どうくつ》のなかで、独りで修行して悟る」というかたちは確《たし》かにありえます。これは、仏教的には「辟支仏《びゃくしぶつ》」「独覚《どっかく》」といわれるもので、「独り悟り《ざとり》」です。先生に就《つ》いたり、仲間《なかま》と修行したりせず、独りで、山林のなかで修行して悟るタイプです。

こういう人のなかにも、仙人《せんにん》として立派《りっぱ》な人はいるでしょう。ただ、そういう人は、あくまでも独り悟りで終わっており、社会に対する影響力《えいきょうりょく》はありません。「独り悟って、独り死ぬ」ということで、悟ったかもしれないし、悟らなかったかもしれないのです。ほかの人の目はまったく介《かい》していないので、個人の満足のレベルです。なかには、非常に高い悟りを持った人もいるかもしれませんが、いかんせん、他の人には分かりません。「山のなかの洞窟で悟った」と言っても、それを見た人も聞いた人もいないわけです。影響力もありません。

他の人の目や耳を通さずに、「自分は悟った」と称《しょう》する人は、自分では高い悟りを得たつもりでも、往々《おうおう》にして独り悟りであり、唯我独尊《ゆいがどくそん》的になっています。

「唯我独尊」は、本来、仏教的にはよい意味で使われる言葉ですが、この場合は、この世的な意味における唯我独尊です。「我《われ》のみ尊《とうと》し」で、実際はまったく役に立たないことをしていることもよくあるのです。この辺は十分に戒《いまし》めなければいけません。

釈尊《しゃくそん》自身も、独りで修行をした時期は六年近くあるわけですが、ただ、大悟《たいご》して以後は、「悟りを弘《ひろ》める」ということに対して非常に熱意を持っていました。その熱意を実現するために釈尊が教団を組織したということは、厳然《げんぜん》たる事実として遺《のこ》っています。

出家者の数については、さまざまな説がありますが、少なくとも千人以上の出家者がいたことは確実であると言ってよいでしょう。

経典《きょうてん》には、よく千二百五十人という数が出ています。これは一定の数え方によってそうなっているわけですが、実際には、いろいろなかたちの出家者がいたでしょうし、出家に近い在家の人もいたでしょうから、明確には数えられません。

しかし、少なくとも、布施《ふせ》で生活しているプロの出家者が千人以上いたことは確実だと思います（拙著《せっちょ》『太陽の法』〔幸福の科学出版刊〕第4章では、晩年《ばんねん》、五千人を超《こ》えるとする）。

そして、千人が一カ所にいたのでは生活が少し厳《きび》しいので、何カ所かに拠点《きょてん》を分け、そこで修行し、伝道していました。マガダ国とコーサラ国に、それぞれ竹《ちく》林精舎《りんしょうじゃ》と祇園《ぎおん》精舎という二大拠点を持ち、それ以外にも、幾《いく》つかの拠点を持っていました。そこを根城《ねじろ》にして、修行をしつつ、伝道をしていたのです。

釈尊は、もちろん、修行時代には独りで努力することもありましたが、大悟して以後は、「多くの人々を教化《きょうけ》する」ということに対して熱意を持っていました。「修行しつつ、法を弘《ひろ》める」ということ、「一般《いっぱん》の民衆《みんしゅう》を幸福の道に入《い》らせる」ということに対して、非常な熱意を持っていました。これは確実です。

仏教の本師《ほんし》である釈尊の行動パターンを見るかぎり、独りで悟りを追求する面はあくまでもありますが、ただ、組織を介《かい》して多くの人々に法を弘めようとしたことは、厳然たる歴史的事実であって、「一生、山のなかの洞窟で暮《く》らすだけでよい」という考え方ではなかったことは間違《まちが》いありません。

悟《さと》りを高めつつ、仕事もできる人に

このように、「組織を介して法を宣《の》べ伝え、人々を導《みちび》く」というスタイルであるならば、それは、この世的な仕事能力との接点はかなりあることを意味しています。したがって、仕事能力は決して在家的能力とは言えません。

釈尊には、「教学《きょうがく》がよくできる、練《ね》れたプロの集団をつくる。そして、そのプロの集団の生活を支《ささ》えつつ、システマティック（組織的）に法を宣べ伝えていく」ということに対して、努力した跡《あと》がうかがえるのです。

釈尊と孔子《こうし》とを比《くら》べてみると、この点で、やはり違《ちが》いを感じます。孔子は、諸《しょ》国《こく》を流浪《るろう》しつつ、就職《しゅうしょく》運動、任官《にんかん》運動をするのですが、なかなか受け入れられませんでした。そのため、弟子《でし》たちも、いつもひもじい思いをしており、孔子が実際に連れ歩いていたのは少人数でした。孔子は、釈尊ほどには組織的な伝道の考え方ができなかった人なのではないかと思います。

釈尊が、悟《さと》りを求める過程《かてい》において、インドのヨガの行者《ぎょうじゃ》がやっているように、独りで河原《かわら》や山などで修行したことがあるのは事実ですが、だからといって、釈尊はヨガ仙人になったわけではないということは明確です。

したがって、仕事能力と仏教的な悟り、および大乗《だいじょう》的救済《きゅうさい》運動とは、関係があると考えざるをえません。「仕事能力は在家《ざいけ》的な能力である」とは、必ずしも言い切れないのです。

釈尊自身が、この世的な能力とあの世的な能力の両方を備《そな》えた人であったことが、その根源《こんげん》であり、その元にあるのは、釈尊がカピラヴァストゥの王子であったことです。釈尊は、王になるべく教育された人であり、二十九歳まで王子としての修行を積み、そのままいけば、王になるのは時間の問題であったのです。

釈尊は、人の使い方から食糧《しょくりょう》の問題や税金の問題、さらに、「隣国《りんごく》が攻《せ》めてきたときに、どのように防衛《ぼうえい》するか」というような軍事的な観点まで、さまざまなことを帝王学《ていおうがく》として学んでいました。現代的に言えば、経営学的なものも勉強していたこと、また、数学的な観点から、さまざまな数量計算もできた人であったことは、間違いないのです。

こういう点から言えば、「悟りを求めると、仕事ができなくなる」というような考えは、やはり一種の逃げであると言わざるをえません。

「悟りを高めつつも、仕事ができる」ということが、実は多くの人々を救済することにつながるのです。そして、多くの人々を実際に救済しえたならば、その悟りにそれだけの力があり、普遍性《ふへん》があり、人々を救済するに足る力があったということを実証《じっしょう》することになるのです。

想像してみれば分かるでしょう。仙人が山のなかで独り悟りをし、木の実を食べて生きたり、逆立《さかだ》ちをして生活したりしていると、みなさんは「すごい」と思うかもしれません。しかし、それは、それ以上のものではなく、人に説《と》くべきものは何もないのです。やはり、一人ひとりの悩《なや》みを解決していく道を示《しめ》すほうが、大いなる仕事であると思います。

したがって、「仕事能力は在家的な能力であり、悟りの能力は出家の能力である」というように、安易《あんい》に考える人がいるとすれば、それはやはり甘《あま》い考えであり、そこに逃げがあると言わざるをえないのです。この点は、深く考えておく必要があるのではないかと思います。

2 禅宗《ぜんしゅう》の悟《さと》り――神秀《じんしゅう》と慧能《えのう》

努力の過程《かてい》を無視《むし》したら教育は成り立たない

仕事能力と悟《さと》りに関しては、「悟りだけでなく、仕事能力も大切である」ということばかりでなく、「悟りの内容自体にも、仕事能力のレベルが関係するのではないか」ということを非常に強く感じます。

例えば、「誰《だれ》でも、すぐに仏《ほとけ》になれる」という、天台本覚思想《てんだいほんがく》的な考え方がありますが、私はそれに対して批判《ひはん》をしています（拙著《せっちょ》『悟りの挑戦《ちょうせん》（下巻）』第

6章、同『黄金の法』第4章〔共《とも》に幸福の科学出版刊〕参照)。

そういう考え方は、言ってみれば、学校の入学式で、校長先生が新入生に、「みなさんは、すでに立派な人であり、優秀《ゆうしゅう》であり、百点を取れる人なのですよ」と、あいさつしたようなものなのです。

確かに、努力すれば百点を取れるかもしれませんが、実際問題としては、なかなか、そう簡単《かんたん》にはいかず、マルもあればバツもあるのが普通《ふつう》です。延々《えんえん》と何年間も勉強を続けて、実力を上げていくのが筋《すじ》なのです。この過程《かてい》を無視《むし》したら、教育というものは成り立たないでしょう。

「みなさんは、そのままで仏様なのですよ。生まれつき仏様だから、それでよいのですよ」ということであれば、これは、教育に対する完全なる無視と同じであり、「教育は要《い》らない」ということになります。すなわち、ある意味で、後天《こうてん》的な修行の部分を無視することと同じなのです。

実は、禅宗《ぜんしゅう》の悟りにおいても、それが大きな影響を与《あた》えているのではないかと思います。

五祖弘忍《ごそこうにん》の筆頭弟子《ひっとうでし》・神秀の悟り

禅は、もちろん、仏教の一流派《りゅうは》であり、達磨大師《だるまだいし》（五世紀後半～六世紀前半に活躍《かつやく》）がインドから中国に渡《わた》ったことが始まりです。宗祖《しゅうそ》の達磨自身にも問題点がありますが、中国南宗禅《なんしゅうぜん》を確立した六祖慧能《ろくそえのう》（六三八―七一三）が特に問題になると思います。

六祖慧能の先生は、五祖弘忍《ごそこうにん》（六〇一―六七四）という人です（「弘忍《ぐにん》」ともいう）。

弘忍は長年にわたって弟子《でし》を教えていましたが、晩年、そろそろ引退する時期になったので、後任《こうにん》を決めることにしました。

弘忍の寺は、けっこう流行《はや》っていて、七百人ぐらい（五百人説、千人以上説あり）の弟子がいたと言われていますが、そのなかの上座《じょうざ》として、神秀《じんしゅう》（六〇六―七〇六）という人がいました。上座とは、筆頭《ひっとう》の弟子、師範代《しはんだい》のようなものです。神秀は非常な秀才《しゅうさい》で、十分に教学も修《おさ》めており、五十代の、人格的にも立派な人だったので、「この人が後継《あとつ》ぎだろう」という予想で、衆目《しゅうもく》は一致《いっち》していました。

ただ、五祖の弘忍は、「このまま神秀に後を譲《ゆず》るわけにもいかない。いちおう、何か試験をしなければいけないだろう」と思い、「さあ、誰か、自分の悟りを発表してみよ。自分の悟りを偈《げ》に書いて、張《は》り出してみよ」と言ったのです。偈とは詩のようなものです。

ところが、弟子たちは、「どうせ後継者《こうけいしゃ》は教授師《きょうじゅし》の神秀に決まっているから、わざわざ自分の悟りを発表したところで邪魔《じゃま》になるだけであり、その必要もないだろう」と考えて、誰も発表しなかったのです。

しばらくたっても、誰も発表しないので、神秀は恐《おそ》る恐る、自分の悟りを偈（本心の詩）に託《たく》し、名前を秘《ひ》して、南の廊下《ろうか》の中央の壁《かべ》に書きつけました。

その偈は、次のようなものでした。

身《み》は是《こ》れ菩提樹《ぼだいじゅ》
心《こころ》は明鏡《めいきょう》の台《だい》の如《ごと》し
時々《じじ》に勤《つと》めて払拭《ふっしき》し
塵埃《じんあい》を惹《ひ》かしむることなかれ（「塵埃をして有《あ》らしむることなかれ」ともいう）

菩提樹とは、インドの〝悟りの木〟（ピッパラ樹《じゅ》またはアシュヴァッタ樹）であり、釈尊がその下で瞑想《めいそう》をして悟りを開いたとされる木です。「身は是れ菩提樹」とは、「この身は悟りの木である」ということです。

明鏡《めいきょう》（「みょうきょう」とも読む）とは、澄《す》み切って曇《くも》りのない鏡です。明鏡の台《だい》（うてな）とは、化粧《けしょう》をするときの鏡台を考えればよいでしょう。「心は明鏡の台の如《ごと》し」とは、「心は、澄み切って曇りがない鏡の台のようだ」ということです。そして、「時々《じじ》に勤《つと》めて払拭《ふっしき》し、塵埃《じんあい》を惹《ひ》かしむることなかれ」とは、「そのため、ときどき、努力して、それをきちんと拭《ぬぐ》い、塵埃、つまり塵《ちり》や埃《ほこり》、ごみを付けないようにしなければいけない」ということです。

要するに、「この身というのは、生きながらにして悟りを求めている、菩提樹《ぼだいじゅ》のようなものであり、心というのは、明鏡の台のような仏性《ぶっしょう》そのものである。だから、これに塵や埃、垢《あか》が付かないように、いつも気をつけて精進《しょうじん》し、汚れを落《よご》とさなければいけない」というのが、この偈《げ》の意味です。

これは仏教としては非常にオーソドックスな悟りであり、釈尊の八正道《はっしょうどう》などの教えにも間違いなく合致《がっち》しています。

この偈を見て、他の弟子たちは、「さすがは神秀だ。やはり上座は大したものだ。これで後継ぎは決まりだな」と言い合ったのです。

ところが、そのときに、慧能という人が出てきます。

弘忍の後継者《こうけいしゃ》となった慧能

慧能は南の地方から来た人でした。

当時の中国では、南北で差別があり、「北のほうが進んでいて、南には野蛮人《やばんじん》が住んでいる」というように言われていました。南方《なんぽう》の人は、「仏性がない」と言ってからかわれるぐらい、差別を受けていたようです。

慧能は、その南方の出身であり、体も非常に小さく、山猿《やまざる》（もしくは狼《おおかみ》）のような顔をしていたらしいのです。そのため、非常にバカにされていました。

慧能は弘忍の寺に入れてもらっていたのですが、出家はしていませんでした。まだ戒《かい》を授《さず》かっておらず、雑用をさせられていたのです。寺には入れてもらったものの、まだ出家の作法《さほう》もかなわずに、八カ月も米つき小屋で米をついていたわけです。

それは、彼《かれ》が、南方の出身者であるだけでなく、字の読み書きができなかったからです。お寺のお坊《ぼう》さんで、字が読めず書けないというのは、致命《ちめい》的な問題です。現代で言えば、小学校も卒業していないようなことに相当するでしょう。

その慧能は、みんなが何か騒《さわ》いでいるようなので、「いったい何があったのだ」と仲間に訊《き》くわけです。そこで、仲間の一人が、「上座の神秀が偈《げ》を書いて発表したので、『もう後継ぎが決まった』と、みんなが騒いでいるのだ」と答えました。

慧能が、「どんなことが書いてあるのか、読んでみてくれ」と言うので、その仲間は、「『この体は菩提樹である。心は明鏡の台である。だから、ときどき、きちんと拭《ふ》き取って、塵や埃、垢《あか》を付けないようにしなさい』というような句だ」と教え、「師《し》の弘忍も、『神秀の言うとおりにやれば、間違いないだろう』と推奨《すいしょう》している」と言いました。

当時、慧能はまだ二十代の前半であったのですが、それを聞いて、「ふん、そんなものは大した悟りではない」と言ったのです。その仲間は、「『大した悟りではない』などと、おまえのような米つき男が何を言うか」と言いました。

すると、慧能は、「では、俺《おれ》が言うから書いてくれ。俺は字が書けないから、おまえが代わりに書いてくれ」と言って、偈を述べたのです。

それは、次のような偈でした。

菩提本樹無し《ぼだいもとじゅな》

明鏡《めいきょう》も亦台《まただい》に非《あら》ず
本来無一物《ほんらいむいちもつ》
何《いず》れの処《ところ》にか塵埃《じんあい》を惹《ひ》かん

〔「菩提本樹《ぼだいもとじゅ》なし、明鏡亦《また》台なし
仏性常《つね》に清浄《しょうじょう》、何処《いずこ》にか塵埃有らん」（敦煌本《とんこうぼん》）ともいう〕

この偈の意味は、「悟りにもともと樹《じゅ》なんぞない。澄んだ鏡もまた台ではない。人間は本来、何も持っていない。どこに、そんな塵や埃、垢を付けるというのだ。付けるところなど、ないではないか」ということです。

これを、字の書ける仲間に書いてもらって掲《かか》げたところ、みんながまたザワザワと騒ぎ始めて、「何か、すごい人が出てきたらしい」「大変なことらしい」と、一山《いっさん》が大いに揺《ゆ》れたのです。

師の弘忍は、その偈を見て、「これはすごい」と思ったのですが、それを言うと大変なことになると思い、その場では、「いや、大したことはない」と言って無視します。そして、その夜、慧能のいる米つき小屋に行きます。

慧能は、背丈《せたけ》が五尺《しゃく》ぐらい、百五十センチあるかないかぐらいの小男だったようですが、弘忍は、その米つき男に、「米《べい》、熟《じゅく》するや未《いま》だしや」と訊きます。「米《こめ》は熟したか」、つまり、「米はよくつけたか」ということです。

慧能は、「米《べい》、熟すること久《ひさ》し。なお、ふるいを欠《か》くことあり」と答えます。これは、「米《こめ》は長いあいだ、もう十分につけています。しかし、まだ仕上げはできておりません」ということで、「私はもう十分に悟っているのだけれども、その悟りに対する認定《にんてい》が、まだきちんとなされていません」という意味です。

この禅問答《ぜんもんどう》は、そのような意味に取れるのです。

それで、五祖弘忍は、「この人を後継者にしよう」と決め、何も言わずに、コンコンコンと三回、持っていた杖《つえ》で碓《うす》をたたいて帰っていきます。それは、寺の時間で、夜中になりますが、時を告げる太鼓《たいこ》がドンドンドンと三つ鳴るころを意味します。「そのころに来い」ということです。

その時刻《じこく》に慧能が弘忍のところへ行くと、弘忍は彼に、『金剛経《こんごうきょう》』についての悟りの趣旨《しゅし》を教え（三日三夜教えたとの説あり）、そして、達磨大師《だるまだいし》以来、代々伝わる衣鉢《えはつ》を渡《わた》したのです。

そのときに、弘忍は、「おまえが衣鉢を継《つ》いだとなれば、大変なことになるだろう。たぶん、周りが許《ゆる》さないだろうから、その衣鉢を持って逃げよ」と言いました。なぜなら、慧能はまだ正式にお坊さんとして得度《とくど》しておらず、また、字も書けず、年齢《ねんれい》も二十代前半、二十四歳ぐらいだったからです（二十二歳、三十二歳、三十四歳説などもある）。

そこで、慧能は深夜、九江駅《きゅうこう》という船着き場まで行き、さらに五祖みずからが漕《こ》ぐ舟《ふね》に乗って川を渡《わた》り、そこで弘忍の見送りを受け、南のほうへ逃げました。

南の頓悟禅《とんごぜん》、北の漸悟禅《ぜんごぜん》

そのあと、弘忍の寺では、先生が全然、説法《せっぽう》に出てこないので、弟子たちは、「おかしい。何かあったのではないか」と思い、弘忍の所へ行きます。すると、弘忍は、「わしは、もう引退した」と言うのです。弟子たちが、「引退したとは、どういうことですか」と訊《き》くと、弘忍は、「衣鉢は、もう慧能に譲《ゆず》った」と言うわけです。

それで、「これは大変だ。あの米つき男が衣鉢を持って逃げた。神秀が後を継ぐべきものを、米つき男に衣鉢を譲ってしまったとは、先生は、ボケたのに違いない。これは許せない」ということで、弟子たちは慧能の跡を追いました。弟子のなかに、かつて将軍《しょうぐん》をしていた慧明《えみょう》という人がいて、衣鉢を取り戻《もど》しに行ったのです。ところが、逆《ぎゃく》に折伏《しゃくぶく》されてしまい、取り戻せませんでした。

しかし、慧能は師の弘忍から、「南へ行って、二十年ぐらい、山のなかに潜《ひそ》んでおれ」と言われていたので、しばらくは世に出られませんでした。これについては諸説《しょせつ》あって、「十五年ぐらい潜んでいた」という説もあります（師から言われたのも、実際に潜んでいたのも、三年説、五年説あり）。逃げたときが二十四歳ぐらいなので、四十歳ぐらいの年齢になって、やっと出てきたわけです。そして、以後、南宗禅《なんしゅうぜん》が始まるのです。

一方、神秀のほうも、その後、北宗禅《ほくしゅうぜん》として非常に栄《さか》え、則天武后《そくてんぶこう》など三帝《てい》の尊敬《そんけい》を受け、「大通禅師《だいつうぜんじ》」という諡号《しごう》まで賜《たまわ》りました。ただ、普寂《ふじゃく》、義福《ぎふく》という大物を出したものの、あとがそれほど続きませんでした。

そのようにして、「南頓北漸《なんとんほくぜん》」「南の頓悟禅《とんごぜん》、北の漸悟禅《ぜんごぜん》」というかたちになったわけですが、その後、南のほうが強くなり、頓悟禅が中国禅の主流になりました。そのため、日本に伝わってきたのは、みな頓悟禅のほうなのです。

3　頓悟禅《とんごぜん》の問題点

狂気《きょうき》と正気《しょうき》の境《さかい》を歩くような悟《さと》り

その意味で、慧能《えのう》という人は、仏教史的には非常に意味のある人であり、スーパースターではあります。

そこで、この人の悟《さと》りについて、少し考えてみたいと思います。

神秀《じんしゅう》の書いた偈《げ》、「この身は菩提樹《ぼだいじゅ》、悟りの木である。心は明鏡《めいきょう》の台である。これを、ときどき、きちんと拭《ふ》いて、塵《ちり》や埃《ほこり》を除《のぞ》かなければいけないのだ」という偈は、釈尊《しゃくそん》の教えのとおりであり、まったく間違《まちが》いはありません。ただ、非常にオーソドックスな秀才の答案で、それほど珍《めずら》しいものではなく、非常にまっとうなことを言っているわけです。

その後、北宗禅《ほくしゅうぜん》が非常に栄えたのを見ても、神秀が相当の力量《りきりょう》のあった人であることは間違いないでしょう。

これに対して、慧能の語った偈、「菩提本樹無し《ぼだいもとじゅな》。明鏡も亦《また》台に非《あら》ず」という偈は、何のことを言っているのでしょうか。

これは、仏教の流れからいくと、「空《くう》」の思想と解釈《かいしゃく》することができます。「一切皆空《いっさいかいくう》」。すなわち、この世にあるものはすべて空なのだ。もともと何も存在《そんざい》しない。肉体も物質も存在しない。一切は空である」として、執着《しゅうちゃく》をすべて取り去ってしまう考え方であるとすれば、これは爆弾《ばくだん》のように大きな力を持った悟りであることは事実です。

ただ、それは空の悟りではありますが、ここに、禅特有の、狂気《きょうき》と正気《しょうき》の境《さかい》を歩いているような部分、「塀《へい》の上を歩いていて、右側《みぎがわ》へ落ちれば正気となり、左《ひだり》側《がわ》へ落ちれば狂気となる」というような部分があるのです。

この偈を、「一切の執着を取り去った空の境地《きょうち》を表《あらわ》したもの」として理解すれば、それなりに大きな効果はあります。しかし、そういう悟りを得ていない人が、字面《じづら》だけを捉《とら》えて言った場合には、それが虚無《きょむ》主義、ニヒリズムのほうに行くのは明白なのです。

「この身は菩提樹などではない。心は明鏡の台などではない。身も心も、このようなものは、本来、ないのだ。本来、無一物《むいちもつ》であって、何もない。（がらんとして空である。）どこに塵や埃があろうか」（『祖堂集《そどうしゅう》』の偈による）というのは、確かにそのとおりかもしれません。しかし、そこには一切の修行や発展《はってん》の余地はないことにもなるのです。

「がらんとして空《くう》」というのは、達磨《だるま》が言った「廓然無聖《かくねんむしょう》」と同じようなことです。

現代的に言えば、次のようなことになります。

「体といっても、こんなものは分子《ぶんし》の集まりではないか。分子は原子《げんし》からできており、原子は陽子《ようし》や中性子《ちゅうせいし》などからできている。それをさらに分解すれば、クォークではないか。その目に見えないクォークに熱エネルギーの少し加わったものが動き回っているだけである。それが人間の体である。

クォークのかたまりである人間が動き回って、クォーク同士がぶつかり合っているだけである。そんなものに善も悪もあるものか。

こちらもクォークのかたまりであり、向こうもクォークのかたまりである。そんな小さな、微細《びさい》な粒子《りゅうし》が動いているだけなのである。

霊体《れいたい》とか霊エネルギーとかいっても、どうせ運動エネルギーか何かに違いない。

小さな物質が動いている、その熱エネルギーのようなものに決まっているのだ。こんなものは、分解してしまえば、何もないのと同じである。そんなクォーク同士が、何を『善だ、悪だ。悟りだ、悟りでない』などと言っているのか」

このように取ることもできるわけです。この考え方は確かに執着は取れます。しかし、ここからは、もう一つ、虚無主義への道も同時に開《ひら》けているのです。

禅の悟りのなかにある「論理《ろんり》のすり替《か》え」

頓悟禅《とんごぜん》は慧能から始まっていますが、慧能の悟り自体は必ずしも彼独自《どくじ》のものとは言えません。祖師《そし》である達磨自身にも、そういうところがありました。

達磨がインドから中国に来たとき、のちに二祖《にそ》となった慧可《えか》が、「心が乱《みだ》れてしかたがないので、どうか、師よ、私の心を安んじてくださいと言ったところ、達磨は、「その迷《まよ》っている心を取り出してみよ。おまえさんのために安んじてあげよう」と言いました。慧可が、「心を探《さが》してみたけれども、見つかりません。出せません」と言うと、達磨は、「私はおまえの心を安んじ終わったぞ」と言ったのです。

このような問答がなされたことが遺《のこ》っていますが、ここにも微妙《びみょう》なすり替《か》えがあります。

「心を取り出してみよ」というのは、心というものを、物質的、物体的な比喩《ひゆ》に切り替えて言っています。「心を出してみよ」と言って、「出せません」と言われると、「では、心を安んじ終わった。悩《なや》みは解決したぞ。出せない心なら、悩むはずはないではないか」という言い方をしているわけです。

しかし、これは本来の悟りの姿《すがた》ではないと思います。達磨は、ここで一つの論《ろん》理《り》のすり替えをしています。

釈尊《しゃくそん》ならば、「あなたの心のここに間違いがある」ということを、言葉ではっきりと言ったはずです。しかし、達磨はこれが言えなかったのです。

禅宗は、このあたりから始まっているので、必ずしも慧能だけの問題とは言えません。禅の悟り自体に、そういう、すり替えの部分がかなりあるのです。

以後、この頓悟禅の流れでは、例えば、祖師西来《そしせいらい》の意、つまり、「達磨大師《だいし》がインドから来た意味はどこにあるか」と問われると、「庭前《ていぜん》の柏樹子《はくじゅし》（庭の柏《かしわ》の木だ）」と言ってみたりします（『無門関《むもんかん》』第三十七則の趙州和尚《じょうしゅうおしょう》の応答《そく》）。あるいは、仏教の大意を訊《き》かれたら、「一指頭禅《いっしとうぜん》」といって、指を一本、すっと立ててみたりします。何を訊かれても、指を一本立てるわけです（天竜和尚《てんりゅうおしょう》とその門下《もんか》の倶胝和尚《ぐていおしょう》（『無門関』第三則に登場）が有名）。

そのように、「言葉で表《あらわ》せないものだ」ということを一生懸命《いっしょうけんめい》に主張するのです。

確かに、言葉で表せないものもあることは事実ですが、釈尊が、説法《せっぽう》によって悟りを表し、人々を教化《きょうけ》したことは事実です。したがって、言葉で表せるもののほうが、真理を弘《ひろ》めるという点では、やはり優《すぐ》れているのです。

言葉に表せないものもありますが、それを、「言葉に表せなくてよいのだ」というように解釈したならば、それは大きなすり替えであり、低い次元の悟りであると思います。

意表《いひょう》をつくタイプだった慧能《えのう》

南宗禅《なんしゅうぜん》の宗派《しゅうは》は、当時の中国禅の新興宗教《しんこうしゅうきょう》であったことは間違いありません。南宗禅のスーパースターである慧能《えのう》という人は、新興宗教をつくったわけです。その後、その流れがずっと続いてきているのです。

南宗禅は頓悟禅なので、各人が、自分の思いついた悟りをさまざまなかたちで提示《ていじ》し、それぞれの流派をつくっていきました。それぞれの人が、それぞれの悟りを出してよいことになっていたため、それで一派《いっぱ》を築《きず》いて賑《にぎ》わったことは確かです。これは禅の民主主義化と言えるでしょう。

慧能の功績《こうせき》は、「本性《ほんしょう》を見ること」という意味での「見性《けんしょう》」という考え方を強く打ち出し、後世《こうせい》の禅ブームの基礎《きそ》を築《きず》いたことです。

ただ、この慧能という人を見ると、そうとう偏屈《へんくつ》なタイプの人だったと思われます。

現代でも、「非常に偏屈なのだけれども、ときどき、みんなが驚《おどろ》くようなことをズバッと言う」というタイプの人がいます。「ただの田舎《いなか》のおじさんだ」と思われていた人が、非常に鋭《するど》いことをポンと言うので、みんながびっくりしてしまうということがあるのです。

例えば、その人が、「総理大臣の○○という人は、こういう人なのだよ」などということをズバッと言って、みんなが「なるほど」と思ったりすることがあるわけです。

慧能という人は、そのようなタイプの人だったと思われるのです。

慧能は、五祖の弘忍《こうにん》が年を取って引退間近《まぢか》であったときに、二十代前半でお寺に入ってきたわけですが、得度《とくど》しておらず、お坊さんの資格《しかく》はまだ持っていませんでした。しかも、無教養であり、字の読み書きができず、お経《きょう》も読んでいませんでした（ただし、耳学問としては『金剛経《こんごうきょう》』『涅槃経《ねはんぎょう》』『法華経《ほけきょう》』『維摩経《ゆいまきょう》』などを学んだと思われる）。

しかし、非常に鋭《するど》いことを言ったため、後継者《こうけいしゃ》として認定《にんてい》されたのです。慧能の偈《げ》を見た弘忍が、「これはすごい」と思って後《あと》を譲《ゆず》ったというかたちです。

そして、弘忍が、オーソドックスな秀才《しゅうさい》であった神秀《じんしゅう》に後を譲らなかったことで、その後、騒《さわ》ぎが起こり、南宗禅と北宗禅の二派に分かれたわけです（神秀もまもなく弘忍のもとを去った）。

慧能自身は才能のある人であったことは間違いないでしょう。また、字の読み書きができなかったにもかかわらず、高度な才覚をもって、意表《いひょう》をつくようなことが言えた人であることも事実です。

ただ、こういう人は、えてして、「自分がこうであったから、他の人もこうでなければいけない」というように考えがちなのです。

例えば、実業界には、学歴がなくても成功している人がいます。なかには、小学校中退で、成功した人もいます。そういう人は、それでもよいのです。学歴がなくて成功しても、構《かま》わないのです。しかし、「学歴がないから成功したのだ」というように強引《ごういん》にもっていくと、少し問題があります。

もし、そのような考え方をするならば、学問自体の効果を否定《ひてい》することになり、

「勉強など、しなくてもよいのだ」ということになってきます。そうすると、やはり大きな活動は難《むずか》しくなるだろうと思います。

そういう人の場合は、直観型経営というかたちになるので、その人の直観が働くあいだはよいのですが、組織が大きくなると、だんだん直観が働かなくなり、それぞれの部門で判断ができなければならなくなります。それぞれの部門で判断するという段《だん》になって、合理的な根拠《こんきょ》に基《もと》づいて判断しないと、結局、大きな仕事はできなくなるのです。あちこちで、各人が思いつきのままに、いろいろなことをするようになると、混乱《こんらん》が起きます。こういう問題が出てくるのです。

禅宗の流れ、頓悟禅の流れにおいても、いろいろな人がいろいろなことをしていて、実際は混乱の極《きわ》みなのです。しかし、それがかえって面白《おもしろ》いものだから、後世にも、非常に変わったことをする人がたくさん出てきて、それがまた面白く伝わり、流行《はや》っているわけです。

釈尊《しゃくそん》の考え方は頓悟的ではない

弘忍は、もし本当に慧能を後継者にしようと思うのであれば、まず正式に出家《しゅっけ》させ、読み書きを教え、お経を教えて、ある程度の段階《だんかい》まで来たときに、初めて後を継《つ》がせるべきであったのです。

これが釈尊《しゃくそん》的な考え方なのです。『法華経』の「長者窮子《ちょうじゃぐうじ》のたとえ」（長者が、長年行方《ゆくえ》不明になっていたわが子を見つけ、数十年、下男、番頭を経験させてから、後継者に指名したというたとえ話）などを見ても、そういう考え方をしています。釈尊の考え方は、初期の弟子たちに教えた阿羅漢《あらかん》としての小悟《しょうご》的自覚《じかく》を除けば、概《がい》して頓悟的な考え方ではないのです。うまずたゆまず精進《しょうじん》することを、基本的には求めていたのです。

ところが、慧能のような、偏屈で、非常に変わった考え方をする人に衣鉢《えはつ》が渡《わた》されたために、禅宗は、論理《ろんり》と倫理《りんり》を無視した、非常に奇妙奇天烈《きみょうきてれつ》な受け答えをする考え方に流れていったのです。

『六祖壇経《ろくそだんきょう》』のなかで、慧能自身が、謙遜《けんそん》や強調もありましょうが、「わしは字を読むことも書くこともできない。お経も読んでいない。しかし、お経の意味は、聞けばよく分かるぞ」というようなことを言っています。

仏教のなかに、「すぐに悟れる」という頓悟禅の流れが出た根底には、こういうことがあるのです（ただし、『六祖壇経』中、慧能自身の言葉として、「本来正教《せいきょう》は頓漸《とんぜん》有ること無し、人の性《しょう》に自《おの》ずから利鈍《りどん》あり」とあって、利発《さと》いものが「頓《とん》」に向き、遅鈍《おそ》いものが「漸《ぜん》」に向くともいう。バカはゆっくり悟れという北宗批判であろう）。

4　仕事能力と悟りは連携《れんけい》する

一般《いっぱん》に、「勉強をして教養を積んだ人ほど、悲観的になる」と、よく言われます。

それはなぜかというと、勉強をして物事《ものごと》をよく知ると、「人はいかに多く間違《まちが》いを犯《おか》すか」ということが分かってくるからです。「実人生、実社会において、人はいかに多くの間違いを犯すか」ということ、あるいは、「欲《よく》のために身を滅《ほろ》ぼした人が、いかにたくさんいるか」ということを、知るようになるのです。

そのように、人の悪というものを知るようになるため、「教養がつくと悲観的になる」と、よく言われるわけです。

ところが、教養の浅い人は、非常に早く出来上がってしまうことが多いのです。

これは、宗教の世界においても、よくある話です。教団の初期のころで、法がまだそれほど進んでおらず、本も少ししか出ていないようなときに、例えば試験などで、百点なり九十何点なり、非常によい点数を取って、「自分は非常に優秀《ゆうしゅう》である」と思い、出来上がってしまう人がいます。ところが、毎年毎年《まいとし》、新しい法が出てきて、法がどんどん積み重なり、増《ふ》えてくると、当然、頭に入らなくなります。そのため、一度、百点を取ったとしても、「もう自分は悟ったのだ。自分の悟りは一番なのだ」と思っていると、その一、二年後に早くも転落が始まるのです。

社会的に見て、この世的な勉強や経験の部分を十分に詰《つ》めていない人ほど、ちょっとしたことで、すぐに出来上がってしまう傾向《けいこう》があります。

しかし、世の中をよく知っている人は、「たとえ、試験などで百点を取ったとしても、それは必ずしも仕事ができることを意味するわけではない」ということを知っているのです。

一カ月ぐらい頑張《がんば》り、本を何回も読んで丸暗記し、一時的な詰め込《こ》みで百点を取れたとしても、それで天下を取ったように思ってよいかといえば、そうではないのです。その試験では確かに頑張ったのでしょうが、一カ月後に試験をしてみたら、もう忘《わす》れているということもあります。

そのように、一時的な詰め込みでやった場合、それについては一定の実績は出ますが、それ以上のものではないのです。

仕事能力と悟りは連携《れんけい》しているものなので、この世的な能力も磨《みが》き続ける必要があります。この世的な知識や経験も大事にしなければいけないのです。

第4章

大悟《たいご》の瞬間《しゅんかん》

――大いなる悟《さと》りが明かす多次元空間の神秘《しんぴ》

1　悟《さと》りの原点

一九八一年三月に私が大いなる悟《さと》りを得てより、二十年あまりの歳月《さいげつ》が過《す》ぎました。

最初は、ちょうど山あいの木陰《こかげ》や岩陰《いわかげ》に湧《わ》いた小さな泉《いずみ》のようであったものが、チロチロと流れていくにつれて、しだいに小川となり、普通《ふつう》の川となり、大河《たいが》となり、大海《たいかい》へと流れていく、そういう光景を、みずから見てきたような思いがあります。

この二十年あまりの歩《あゆ》みは、私自身の悟りの変化、進化と同時に、その悟りを説《と》く者としての環境《かんきょう》の変化、組織の変化を伴《ともな》うものでした。

ここで、初心に返り、「悟りとは、いったい何であったのか」ということを確《かく》認《にん》する作業《さぎょう》をしてみましょう。

これまでの歩みを振《ふ》り返り、「悟りの要素として、これは落とすわけにはいかない」というものを考えてみることは、「世の中のさまざまな宗教《しゅうきょう》のなかで悟りとされているもの、あるいは、仏教の流れのなかで、釈尊《しゃくそん》（ゴータマ・シッダールタ）の悟りとされているものと、現実に自分に起きたものとが、同じものなのか、それとも違《ちが》うものなのか」ということを検証《けんしょう》する手立てにもなるのではないかと思います。

霊的《れいてき》な現象《げんしょう》が起きるということは、もちろん、万に一つのことではありますが、それが身に及《およ》んだという人は、日本にも他の国にもたくさんいるので、それ自体は決して珍《めずら》しいことではないでしょう。

その霊的覚醒《かくせい》によって、悟りがどのように展開《てんかい》してきたかを見て初めて、その原点にあったもの、悟りの原点にあったものが、いったいいかなるものであったのか、その悟りの核《かく》が正しいものであったのかどうかということが、理解されるのではないでしょうか。

2　無《む》我《が》の思想

無我の思想に対する誤解《ごかい》

釈尊《しゃくそん》の思想をさまざまに点検してみると、そのなかで最も有名であると同時に、最も後世《こうせい》の仏教学者たちを迷《まよ》わせているものに、無《む》我《が》の思想があります。

インドには「アートマン」という言葉がありますが、それは幾《いく》つかの意味を持っていて、そのなかに、「霊魂《れいこん》」という意味もあれば、「自我《じが》」という意味もあります。

そして、釈尊の教えのなかに、このアートマンの反対語である「アナートマン」という教えのあることが記録されています。これが実は、釈尊の悟りを示《しめ》すと共《とも》に、それを誤解《ごかい》させるものでもあったと思われます。アートマンという言葉の否定語《ひていご》を使って悟りを表《あらわ》そうとしたところに、その意義があったと同時に、誤解される根源《こんげん》もあったようです。

それでは、無我の思想とは、いったい何であったのでしょうか。

この無我の思想が、「人間として自覚《じかく》しているところの『自分』がない」、あるいは「人間には魂《たましい》がない」という意味ではないことは、私の実体験からいっても確実なことです。

アナートマンを無霊魂説《むれいこんせつ》と解釈《かいしゃく》する仏教学者もいますが、これは、宗教、あるいは仏教が形骸化《けいがいか》し、廃《すた》れてきた流れのなかで、彼《かれ》らが、自分の置かれている立場があまりにも不安定になったために、「何か近代的合理性を備《そな》えなければいけない」という焦《あせ》りにとらわれ、カント以降《いこう》の、霊的なものと哲学《てつがく》的な自覚とを分ける考え方にあやかろうとしたものです。あるいは、百年あまり前のマルクスの思想に乗っかって、仏教を共産主義思想的に解釈し、それが進歩的であるかのように吹聴《ふいちょう》して、生き長らえようとしたものなのです。

彼らは、そのように唱道《しょうどう》して、仏教を現代的にしたつもりであったのかもしれません。あるいは、若《わか》いころに、そういう思想の洗礼《せんれい》を受けて、そのような解釈をせざるをえなかったのかもしれません。

思想には多面性があるので、どの面を取って見るかによって、違ったものに見えます。

釈尊の思想も、そのアナートマンの思想、無我の思想を取り上げて、それを自《じ》己《こ》否定や霊魂《れいこん》否定に解釈すれば、唯物論《ゆいぶつろん》につながるようにも見えなくはありません。

また、釈尊の教えのなかから、「諸行《しょぎょう》は無常《むじょう》である。ガンジスの河《かわ》が氾濫《はんらん》して、泥《どろ》でつくった家が流れるように、人間の肉体というものは滅《ほろ》びゆくものである」という教えだけを取り出せば、それもまた、この世的なる、唯物的思想のようにも見えなくはありません。

そのたとえの意味が、「この世の形あるものは、すべて崩《くず》れていく」ということだけで終わっているとすれば、唯物論とまったく同じように捉《とら》えることもできると思います。

しかし、そのような解釈は、釈尊の悟りが、その思想を解釈する者の体験や知的理解力の及ばないところにあったために生まれたものなのです。

霊的存在《れいてきそんざい》は百パーセントある

宗教は世界各地にあります。しかも、交通手段《しゅだん》も連絡《れんらく》手段もあまり発達していなかった時代から、別々の国に、同じような根拠《こんきょ》を持った宗教が数多く存在《そんざい》していのます。そして、それぞれの宗教において、仏《ほとけ》や神に相当する偉大《いだい》な光の存在があり、また、死後の生命《せいめい》や生まれ変わりの思想が数多く見られます。

これを見ても分かるように、「霊的《れいてき》存在が、この世を離《はな》れた世界に住んでいる。さらに、導《みちび》きの偉大な光の存在がある」という世界観は、宗教そのものをすべて否定しないかぎり、永遠に生き続ける真理なのです。

私が一九八一年に悟った内容のなかで、「どうしても、これだけは外《はず》せない」と思うことは、やはり、「霊的存在は百パーセントある」という感覚です。

もちろん、私はそれ以前にも、霊的なものは信じていましたし、「人間には転《てん》生輪廻《しょうりんね》があるだろう。また、仏や神なるものは存在するだろう」と思っていました。しかし、それを、感覚的なるものとしてつかんだということ、思想的なるもののから離れて、現実のものとしてつかんだということは、非常に大きな衝撃《しょうげき》でした。

この点から二重写しにして見るかぎり、二千五百年あまり前の、釈尊の「菩提《ぼだい》樹下《じゅげ》の悟り」においても、霊的覚醒《かくせい》を抜《ぬ》きにして、その悟りが成り立つはずはないのです。

何十日もの反省的瞑想《めいそう》のなかで、ゴータマ・シッダールタ（釈尊）は、自分の殻《から》を取り去り、真実の自己を見つめると共に、霊的世界を確実なるものとして垣《かい》間見《まみ》たのです。それも、偶然《ぐうぜん》性によるのではなく、自己の主体的な考え方や判断によって、霊的世界を確認《かくにん》し、その世界に入っていけるようになったのです。この実体験が、極《きわ》めて強い確信を生んだはずです。

心は大宇宙《だいうちゅう》とつながっている

それでは、釈尊が、坐禅《ざぜん》をして、心の垢《あか》を取り除《のぞ》き、深い深い瞑想の内に入っていったときに見たものは、いったい何だったのでしょうか。

実は、釈尊は、「この地球上に、個々人が、小さな豆粒《まめつぶ》のような存在として生きている」というものではない世界を見たのです。「自分の内に、広大無辺《こうだいむへん》な宇宙《うちゅう》につながるものがある。その自分の内なる宇宙は、身長一メートル数十センチ、体重数十キロの、一個の体のなかに閉《と》じこもっているものではない。それは無限に広がっていて、自分の目に見える、この三次元の宇宙をも包《つつ》むほどの、大きな宇宙につながっているのだ」ということを知ったのです。

大宇宙の根本仏《こんぽんぶつ》（根本神《しん》）がつくったと思われるような、無限の多次元空間の神秘《しんぴ》。そのなかには、自己の魂《たましい》というものも当然あるけれども、それを突《つ》き抜けて、さらに霊界《れいかい》世界があり、霊界世界のなかに、「魂のきょうだい」（拙著《せっちょ》『太陽の法』第２章参照）や、それ以外のさまざまな光の存在がある。また、天国・地獄《じごく》といわれる世界があり、その世界のなかに、幸福に暮《く》らしている魂たちも、不幸に暮らしている魂たちもいる。そうした広大無辺な霊的宇宙が、自分の内とつながっている。こういうことを発見したのです。

これは、「自分というものは、自分であって自分ではない。自分という存在がないわけではなく、それはあるが、その自分は、独立《どくりつ》した一つの存在、切り離された存在ではないのだ。近代の哲学や文学が追究《ついきゅう》しているような、実存《じつぞん》的な自分ではないのだ」ということです。

自分の内には、大宇宙そのものとつながっているものがあるのです。その大宇宙は、三次元の星の世界ではありません。さらにそれを包み込《こ》んだ大いなる宇宙とつながっている世界が、自分の内にあるのです。マゼランの航海《こうかい》を待たずとも、自分の心の内を見れば、はるかなる世界まで、自由自在に行き来することができたのです。

自他一体の悟り

そして、釈尊は、「第一次的な霊眼《れいがん》によれば、自分と他人は別個《べっこ》の存在のようにも見えるが、もっと深い目で見たときには、自他は別のようであって別ではない。自他は別個に非《あら》ず、一体なり」ということを悟りました。「自分と他人、自分の魂と他人の魂は、別のようにも見えるけれども、そうではない」ということです。

これは、もちろん、魂的に近接《きんせつ》な「魂のきょうだい」とのつながりということでもありますが、それだけではありません。魂のきょうだいたち以外にも、広大無辺な霊界に生きているものたちがいます。人間の魂もあれば、人間ではないもの、動植物の魂に相当するものも数多くいます。これらが、バラバラに住んでいながら、実は同時に、協力し合い、あるいは依存《いぞん》し合って生きているのです。そうした世界であるということを、釈尊は悟ったわけです。

ちょうど、オーケストラのそれぞれの楽器の奏《かな》でる音楽が、全体として一つの曲をつくっているように、大宇宙のなかで、いろいろな生物たち、生命《せいめい》たちが、根本仏（根本神）の構想した曲を奏でているのです。そうした世界がそこにあるのだということを、釈尊は知ったわけです。

偉大《いだい》なる大我《たいが》

これを無我《むが》の思想に当てはめてみると、どうなるでしょうか。

人間は、この世で生きていると、「この体が自分だ」というように認識《にんしき》してしまいますが、体だけが自分ではないのです。

もちろん、体とぴったり合った形をした霊魂《れいこん》というものもあり、これもまた、形は有限のように見えます。しかし、これは実は、有限のものであって有限ではないのです。それは大宇宙とつながっています。潜在《せんざい》意識といわれる世界のなかにおいては、広大無辺な霊界とつながっていて、共有《きょうゆう》意識、あるいは共通意識というような、全人類に共通している霊的想念《そうねん》の世界とも、つながっているのです。それはちょうど、電話やテレビの世界と同じで、あらゆる霊的存在と、一瞬《いっしゅん》にして、つながるような世界です。

各人は、バラバラに住んでいるように見えても、ちょうど、電話の配線工事がなされていて、それぞれの電話機にコードがつながっているようなものなのです。各人の存在は、そういうものであるのです。各人は別個の〝ナンバー〟を持っていながら、実は、すべてがつながっている存在なのです。

そして、それをつなげているものは、いったい何かといえば、それこそが、心の法則にほかなりません。

心の法則は普遍《ふへん》のものであり、その法則には、人種や性別、年齢《ねんれい》、あるいは時代を超《こ》えて、共通のものがあります。

「このような心であれば、こういう世界に通じる。こういう人たちと通じる」「このような思いを出せば、こういう未来が展開する」という、共通の、心の法則があるのです。

釈尊《しゃくそん》は、内なる自分を見つめると共に、「この霊的存在が、実は個別《こべつ》の自我ではなくて、永遠の魂ともつながっている。永遠の大我《たいが》ともつながっている。そして、個々別々の人たちの心が、みな、つながっている」ということを悟るに至《いた》ったわけです。

現代的な言葉で言えば、「表面意識だけが自分なのではない。潜在意識のなかにも、自分と通じるものがある。自分は潜在意識とも同通《どうつう》している」ということです。

その潜在意識は、自己の潜在意識であると同時に、霊界世界にある、他のさまざまな霊的存在とも一瞬でつながるものなのです。

これは私も経験していることです。テレビの画面を観《み》ていても、そこに出てくる人の意識と一瞬にして通じます。写真を見てもそうです。いろいろな人の意識と通じます。また、その人の守護霊《しゅごれい》や、その人に憑《つ》いている不成仏霊《ふじょうぶつれい》と通じることもあります。写真の人物が故人《こじん》であれば、その人自身の霊が出てくることもあります。

このように、あの世というのは、瞬間的《しゅんかん》にすべてがつながるような世界です。そういう強力なネットワークができている世界なのです。

要するに、釈尊は、物質的に見える自分とは異《こと》なった、「霊界世界につながる我《われ》」という自我観を持ったのであり、それを「無我」という言葉で表《あらわ》したのです。

無我とは、「我《が》がない」ということではなく、「偉大《いだい》なる大我《たいが》とつながっている我《われ》」ということであったのです。「大我とつながっており、相互《そうご》に影響《えいきょう》し合っている存在。お互《たが》いに、別なもののようでありながら別なものではなく、同じようでありながら同じではない存在」ということです。

そういう世界であったということ、「根本仏（根本神）の大きな念《おも》い、自己実現の念いが、個別の生命として表れて、花を咲《さ》かせているのだ」ということを、釈尊は知ったのです。

これが空間領域《りょういき》での無我の思想です。

利《り》他《た》、愛《あい》他《た》の思想へ

この無我の思想は、言葉を換《か》えて言うならば、当然ながら、利《り》他《た》、愛《あい》他《た》の思想とつながっていくものであったのです。

「自分は、孤立《こりつ》して独《ひと》りで生きているものではない」ということを悟ったとき、利他、愛他の行為《こうい》とは、元なる自分自身を知ること、元なる自分自身を生かすことであり、利他、愛他の思いとは、同時代の同期生として生きている魂たちを、共に愛し、慈《いつく》しむ心なのです〈拙著『愛の原点』〈幸福の科学出版刊〉第1章、第2章参照〉。

したがって、愛他、利他の思いそのものもまた、一つの無我なのです。「この世的なる自我のみならず。孤立した我《われ》のみならず」ということを知ったがゆえに、愛他、利他の思いが開《ひら》け、そういう行動観が生まれてくるわけです。

釈尊の無我の思想には、「自分の心の内なる広大無辺な領域《りょういき》を知り、その法則に精通《せいつう》する」ということと同時に、人間の生きていく意味として、「他の者、同じく魂修行《たましいしゅぎょう》をしている多くの人々を、慈しみの眼《め》でもって見、そして、はぐくみ、導いていき、共に幸福になっていこう」という悟りがあったのです。この点を忘《わす》れてはいけないと思います。

宗教の世界、あるいは超能力《ちょうのうりょく》の世界において、霊的な感覚を持っている人は数多くいますが、愛他、利他の思いにまで届《とど》かずに、霊的なもののみに関心を示《しめ》していているうちは、まだ、魂的には、仙人界《せんにんかい》や天狗界《てんぐかい》と呼《よ》ばれる裏側《うらがわ》の世界に属《ぞく》していると言わざるをえないのです。

菩薩《ぼさつ》や如来《にょらい》といわれる人たちのいる、本来の表側《おもてがわ》の魂系団《たましいけいだん》に入るためには、「真実の自己を知る」ということと共に、「その真実の自己を知る行為が、利他、愛他へとつながっていく」ということが必要です。そういう悟りが必要なのです。

これは、共に社会を発展《はってん》させていく力とつながる宗教であることを意味します。

3　エネルギーの本質

本物の宗教《しゅうきょう》が教えてきたものとは

悟りというものは広大無辺であり、さまざまな説き方、説明の仕方がありますが、第一点として言えることは、「霊的存在を無視《むし》しての悟りはありえない」ということです。それを否定《ひてい》するものは、近現代の間違った思想に毒された宗教《しゅうきょう》解釈、仏教解釈であると言ってよいと思います。

そして、「霊的存在としての自分があり、それはまた、広大な霊的宇宙ともつながっていて、他の霊的存在とも、共につながっているのだ」ということを知らなくてはなりません。

「天国・地獄は外の世界にだけあるわけではなく、自分の心の内にもあるのだ。心はいかようにも動き、心の針《はり》は三百六十度、どの方向にも動いて、霊界の、どの世界にも通じていくのだ。また、生きている人間として持っている、その心の針が、他の人とも影響《えいきょう》し合っているのだ」ということを知る必要があるのです。

そういう宇宙観を知ったときに、人は、自分を愛するがごとく他を愛さざるをえなくなります。いわゆるゴールデンルール、「自分がしてほしいように、他の人になせ」という黄金律《おうごんりつ》は、ここから導き出されてくるのです。

こうしてみると、さまざまな宗教の教えが、いったい何を意味していたのかが分かってきます。

一つは、「はるかなる昔に個性を得た魂たちが、肉体に宿ったときに、肉体を自分だと錯覚《さっかく》し、自と他を分けて、自我が強くなるという誤《あやま》りを犯《おか》すことがあるので、それを修正する必要がある」ということです。

もう一つは、「肉体的な自分が自分ではないということを悟《さと》り、霊的な我《われ》というものを悟ったときに、その霊的なる我が、大宇宙の調和のなかに生きていることと、共に慈《いつく》しみ合う世界のなかに生きていることを、悟らねばならない」ということです。

こういうことを、世界各国の本物の宗教は教えてきたのだと思います。

これを忘れて、肉体的な自我観、自己観に引きずられて生きると、死後、霊的存在が残ったときに、その霊的存在は、行く所がなくて地上世界をさまよい、生きている人に取り憑《つ》いたり、地獄界《じごくかい》という、光の射《さ》さない世界をつくって、そこで生き続けているつもりになったりするのです。

そういう人々を救《すく》うためには、霊的に正しい世界観、正しい生き方、正しい人生観を教えることです。そして、その正しい生き方に自分の思いを合わせていくことを教えることです。

釈尊の教えに出てくる悪魔《あくま》などについて、「それは単なる心の迷《まよ》いのことである」として、哲学的、心理学的に片付《かたづ》けようとする人もいますが、釈尊が語っていることは、そのままに捉《とら》えてよいのです。悪魔という存在もありますし、梵天《ぼんてん》や神々といわれる存在もあります。

そして、「自分もまた、そのような存在になる可能《かのう》性がある」ということも、知らなくてはいけません。

地獄的な生き方をしていると、地獄のものたちが、すり寄《よ》ってきます。天使は天使の仲間《なかま》を増《ふ》やそうとしていますが、地獄界に生きているものたちも、常《つね》に仲間を増やそうとしているのです。そして、地上世界は物質波動《はどう》がかなり強いので、地獄のほうの影響を受けやすいのです。これを悟らなければいけません。

この意味での観《かん》の転回、思いの転回をさせるために、宗教では伝統《でんとう》的に、物質的なものを否定したり、この世的な生き方を否定したりするのです。

まず、一喝《いっかつ》を与《あた》えて、この世的な生活を否定します。「物質を求めてはいけない。お金を求めてはいけない。異性《いせい》を求めてはいけない。衣服を求めてはいけない。よい家を求めてはいけない」など、いろいろな否定を説きます。

しかし、これは、否定すること自体に意味があるわけではなく、この世的な生き方に執着《しゅうちゃく》する心を去るために言っているのです。

この執着を去って、霊的覚醒《かくせい》を得たときには、「この世のなかにも、人々の生活を助け、豊《ゆた》かにし、心を引き上げるような、さまざまなものがある」ということが分かってきます。

このような「否定の否定」は「単なる肯定《こうてい》」とは違うということを知らなければいけません。霊的な自己という視点《してん》をいったん得た上で、この世というものの積極的な意味を見いだしていく必要があるのです。

生命《せいめい》の力と霊的な力は同じ力の裏表《うらおもて》

宗教においては、「食《しょく》・性《せい》・眠《みん》」、つまり、食欲《しょくよく》、性欲《せいよく》、睡眠欲《すいみんよく》を否定する教えが数多くあります。霊的な自覚を持つために、まず、この世的な力を否定しているのです。

しかし、それを再《ふたた》び、百八十度、引っ繰《く》り返してみると、実は、そういうこの世的な力もまた、生きていく力であり、霊的な力であることが分かります。生命《せいめい》の力というものは、実は、霊的な力と極《きわ》めて共通したものなのです。これは、同じ力の裏表《うらおもて》なのです。この世で生きていく力がなくなれば、霊的にも力は失《うしな》われていきます。

例えば、この世において、断食《だんじき》をして自殺すれば済《す》むかというと、そうではないわけです。そのようなことでは、この世を天国化していくことはできません。

生きていく力、仕事をしていく力、他を豊かにしていく力は、また、この世の力でもあるのです。

生きていく力は、もちろん、生命エネルギーから出ており、その生命エネルギーは食物《しょくもつ》から得られます。

では、食物のエネルギーはどこから来ているのでしょうか。もちろん、大地からも来ていますが、大地だけではありません。それは太陽のエネルギーから来ています。

太陽のエネルギーを受け、それを吸収《きゅうしゅう》した植物たちが、長年にわたって大地をつくり、その恵《めぐ》みが、また、新しい作物《さくもつ》をつくり、エネルギーとなってきたのです。そういう植物を食べて、動物たちが繁栄《はんえい》してきたのです。そして、その動物の肉を食べるものたちもいるのです。

このように、根源《こんげん》を見てみると、生きていく力、生命のエネルギーそのものは、太陽エネルギーに根本《こんぽん》があります。

霊界《れいかい》とこの世に働く置換《ちかん》法則

そして、実は、この世の太陽とまったく同じものが霊界《れいかい》にも存在しています。それは霊太陽《れいたいよう》といわれる存在です。霊太陽は、地上で見る太陽とは少し色合いが違《ちが》い、やや白っぽく見えます。この霊太陽が、大宇宙の生命たちに光のエネルギーを送り込《こ》んでいるのです。

霊太陽の霊的エネルギーと、この世の太陽の光エネルギーとは、実は同じエネルギーの裏表なのです。この世に物質化して現《あらわ》れる場合と、物質化しない場合という違いだけで、エネルギーとしては同じものです。

これが、霊界のものと、この世のものとが、行ったり来たりする理由です。

最近の先端《せんたん》的な物理学でも、素粒子《そりゅうし》のなかには、「物質、物体のような現れ方をしたかと思うと、突如《とつじょ》、消えてなくなる」というものがあることが分かっています。「姿《すがた》が消えては、また現れてくる」という、出たり消えたりする幽霊《ゆうれい》のような素粒子が、数多く見つかっています。

これは実は、霊的エネルギーと、この世的エネルギーのあいだを、行ったり来たりしているのです。極小《きょくしょう》の単位、いちばん小さな単位において、霊界《れいかい》とこの世を行ったり来たりしているわけです。

そのようなことが起きるのは、霊太陽のエネルギーと地上の太陽のエネルギーとが表裏《ひょうり》一体のものであるからです。

霊太陽から出ているエネルギーは、この世の太陽の光エネルギーと一体化して、大宇宙のなかを進んでいます。霊太陽のエネルギーは霊界に生きているものたちを満たし、この世の太陽光のエネルギーは植物や動物たちを養《やしな》っています。そして、その二つのエネルギーが転生輪廻《てんしょうりんね》を経《へ》て合体《がったい》しているのです。共に裏表になりつつ、二つになり一つになりしながら、大宇宙のなかを巡《めぐ》っているのです。

物理学の法則のなかにも、「物質とエネルギーは同じである」というものがあります。「物質はエネルギーの表れにしかすぎない。物質はエネルギーに変換《へんかん》することも可能である」ということが知られています。

これは物理学の法則としては知られていますが、その現実の意味を、大多数の人々は知らずにいます。それは、「霊界とこの世は置き換《か》えることができる。互《ご》換《かん》しうる。そこには置換《ちかん》法則が働く」ということです。霊的存在が、この世の存在として現れることもでき、また、この世の存在が、霊的存在に移行《いこう》することも可能なのです。

したがって、虚空《こくう》のなかから物質が出現し、この世に存在することは可能です。また、この世に存在するものが、蒸発《じょうはつ》するかのごとく消えていくことも可能です。人間は、そのようなエネルギー磁場《じば》のなかに生きているのです。

すべては霊的エネルギーに還元《かんげん》される

私は「釈尊《しゃくそん》の無我《むが》の思想は唯物《ゆいぶつ》的な思想ではなかった」と説明しました。肉体は、水に流れていく泥《どろ》の家のように、はかないものなので、唯物論的な解釈《かいしゃく》として、「そういうものにとらわれてはいけない」という考え方もあります。ただ、この世にある存在そのものもまた、実はエネルギーの表れにしかすぎないのです。エネルギーの本質は霊的エネルギーです。その霊的エネルギーが、粗《あら》い波動になって、この世に顕現《けんげん》してきたときに、物質となるのです。家であろうと、人間の肉体であろうと、やがては朽《く》ちて土になりますが、最終的には、また霊的エネルギーに還元《かんげん》されるわけです。

地球には多くの生き物が生きていますが、地球が消滅《しょうめつ》したあとも、その生き物たちが地球に生きていたときの生命エネルギーそのものは、霊界に存在し続け、決して消えることはないのです。これは、もう一つの「エネルギー不滅《ふめつ》の法則」です。

多くの人間や動物たちの、かつて生きていたエネルギーや、今、生きているエネルギー、そのエネルギー自体は、この世が失《うしな》われても、なくなることはなく、存在し続けます。

それが、霊界は広大無辺であって、また、多くの生命をはぐくんでいる理由でもあるのです。

過去《かこ》に生きていたものたちが、霊界でエネルギー磁場をつくり、そのなかから、また現代的な存在をつくり出してきています。

そして、すべては、根本的なる、大いなる念《おも》いが顕現してきたものなのです。

したがって、物質と精神とを分ける考え方は極端《きょくたん》であり、「物質も精神も、最後には一元化《いちげんか》して、一つのものに還元されていくのだ」ということを知らなければばいけません。

「無我の思想は唯物論ではない」と述《の》べましたが、ある意味では、物質に適用できる無我の思想もありうるのです。「すべては光に還元される。すべては仏神《ぶっしん》のエネルギーに還元される」という意味においては、唯物的な側面を持った無我の思想も妥当《だとう》でありうるわけです。

そして、この世の肉体がなくなったあとの霊魂《れいこん》なるものも、本当は仏神の光が一定の形状を持っているにしかすぎないのです。霊魂もまた、本当の意味での本質的存在ではなく、さらに奥《おく》には光のみが存在するのだということを知らなければならないと思います。

4　宗教《しゅうきょう》の使命

釈尊《しゃくそん》の悟《さと》りを一つのテーマにして、「大悟《たいご》とは何であったか」ということを語ってきました。

それは、分かりやすく言うならば、世界のさまざまな宗教《しゅうきょう》が述べていることと、そう大きな違《ちが》いはありません。真理というものは、いちばん単純《たんじゅん》なものなのです。複雑《ふくざつ》なものではなく、単純なものです。

みなさんの目に、この世とあの世があるように見えたならば、それはあると見てよいのです。霊的《れいてき》存在としての自分があるように見えたならば、そう見てよいのです。また、自分以外の霊的存在と、いつも、つながることができるように思えたならば、そのように思ってよいのです。

そして、仏の創《つく》った、神の創った芸術空間である宇宙のなかで、自己の使命を果たさんとするならば、すべての輝《かがや》きを増《ま》す方向に努力する必要があります。この世の人生を無駄《むだ》にしないことです。また、他の人々が、間違った無駄な人生を生きているならば、それを輝く人生に変えるべく努力することです。それが、自覚したる者の使命です。

そういう自覚を持った仲間を数多くつくっていくことが、宗教の使命であり、宗教団体、教団としての仕事なのです。

こうした根本的な使命から見て、その活動に限界や終わりがあってはなりません。それは、永続するものでなければならず、空間的にも、限《かぎ》りのあるものであってはならないのです。

そのような強い念《おも》いを持って、日々、努力・精進《しょうじん》し、教えを押《お》し広げていくことが大事です。

第5章

常《つね》に仏陀《ぶっだ》と共《とも》に歩《あゆ》め

――心の法則を学び、それを実践《じっせん》して生きる

1　真実の自分とは

人間の心の性質

みなさんは、「心の力」「心の価値《かち》」ということについて、言葉としては聞いたことがあっても、それが現実にはどういうものなのかを、実感としては分かっていないのではないでしょうか。

仏教においても、二千五百年前に仏陀《ぶっだ》が悟《さと》ったことは、結局、心の法則であったのです。仏陀は心の法則を悟り、その心の法則を使うことによって、どのような世界が展開《てんかい》するかということについての経験を得て、智慧《ちえ》を手に入れたのです。

心の法則というものは、霊的《れいてき》世界まで考えて初めて、その実相が分かるものなので、言葉だけでは少し分かりにくいところがあります。

地上に生きている人間は、魂《たましい》が肉体に宿った存在《そんざい》であって、外から目に見える部分ではなく、そのなかにある、目には見えない部分こそが、真実の自分なのです。

その真実の自分というものは、悟りの目が開《ひら》けた者から見れば、外見上は、肉体と同じような等身大の形状を持った霊的存在なのですが、そういう物体的な存在であり、形を取って現《あらわ》れるものであると同時に、法則として存在するものでもあるという面を持っています。

つまり、人間の心は、「一定の形を取ろうとすれば、そのように現れることもできるし、また、法則として、あるいは作用《さよう》として働こうとすれば、そのように働くこともできる」という性質を持っているのです。

例えば、強い酸性《さんせい》を帯《お》びた溶液《ようえき》があるとします。これをただビーカーに入れておいても、溶液という立体がそこにあるだけで、別に何の作用もありません。ところが、この溶液を、ある種の物質にかけると、反応《はんのう》が起き、その物質がジューッと泡《あわ》を立てて溶《と》けることがあります。同様に、アルカリ性の溶液の場合も化学反応が起きます。

そのように、一見、ただの水のようでありながら、一定の条件《じょうけん》を与《あた》えられると、急に物質をドロドロに溶かすような仕事をし始める液体があります。あるいは、ある種の薬品を加えると、急に固まったりする液体もあります。

また、片栗粉《かたくりこ》を水に溶かして熱を加えていくと、不思議なことに、どんどん固まっていきます。しかし、それが本当の姿《すがた》かというと、そうではなく、熱が冷めると、また元の液体に近い状態になったりします。

人間の実体も、それとよく似《に》たところがあり、一定の形状を取ろうとすれば取ることができますが、形を取らずに、性質あるいは作用としてのみ存在することもできるのです。

人間は、肉体に宿っているあいだは、熱せられて固まった片栗粉の溶液のような姿を取っているわけですが、やがて死を迎《むか》えて肉体を去ると、元の〝液体状〟の存在に戻《もど》るのです。

霊界《れいかい》では心の特徴《とくちょう》で自分を認識《にんしき》する

人間は、死んで霊体《れいたい》になると、最初のうちは肉体と同じような姿を取っていますが、何年かたつうちに、それが自分の本当の姿ではないことが分かってきて、むしろ、心としてのみ存在するようになります。

霊体とか魂《たましい》とかいうものは形状を意味していますが、心というものは必ずしも形を意味していません。心とは、人間の意識の働き、精神作用《さよう》のことです。

霊界《れいかい》に還《かえ》って、ある程度以上の時間がたつと、形状で自分を判断しようとするのではなく、「自分というものは心なのだ。心の作用が自分なのだ」と理解するようになります。

例えば、みなさんは、「自分はハートの温《あたた》かい人間だ」「自分は非常に理性的な人間だ」「自分は熱しやすく冷めやすい人間だ。すぐカーッと熱くなったり、また冷めたりするような人間だ」「自分は非常に温和な人間だ」など、さまざまに自己認識《じこにんしき》をし、自己定義をしているでしょうが、そういう定義によく似たかたちです。

みなさんは、「あなたはどのような人間ですか」と訊《き》かれたときに、自分の心の作用について、「私の心には、このような特徴《とくちょう》がありますす」という説明ができるでしょう。そのような特徴でもって説明できるものが、みなさんの個性を判断するための、通し番号というか、背番号《せばんごう》、バーコードのようなものなのです。

「こういう心の特徴、心の傾向《けいこう》性を持った存在があります。こういう特徴を持った心です」と言えば、「それは、○○に住んでいる××さんですね」と判明するわけです。それがその人のアイデンティティー（自己同一性《じこどういっせい》）になるのです。

形はどのようにでも変化していくものなので、形状だけでは、誰《だれ》なのか判断できません。それが霊界の実態です。

この世に生きているあいだは、親から頂《いただ》いた肉体に宿り、この世で摂取《せっしゅ》した栄養素をもとに生活し、そのようなかたちで自分を認識しています。目の作用、耳の作用、鼻の作用、口の作用、手の作用などを通して感じられる自分、あるいは他の人から見た自分というもので、自己認識をしているわけです。

しかし、本来の自分の姿とは、「私は温和で、とても寛容《かんよう》な人間です」「私は非常に熱心な人間です」「私は知的なものにあこがれる、非常に知性的な人間です」「私はとてものんびり屋です」といった、さまざまな形容詞で語られるものなのです。それが本来の自分であり、霊界に還ると、そのようなあり方に戻っていくので、自己認識を変えなければならないのです。

2　瞑想《めいそう》のなかで見えてくるもの

仏《ほとけ》との一体感

宗教《しゅうきょう》では、精神統一《とういつ》というものを非常に重視《じゅうし》します。仏教だけでなく、キリスト教やイスラム教、その他の宗教も、何らかのかたちで、瞑想《めいそう》に当たるものを持っています。

瞑想とは、外界からの刺激《しげき》をできるだけ遮断《しゃだん》して、「自己の内なるものを見つめる。内なる自己を見つめる」という時間を取ることです。

そして、瞑想をさらに進めていくと、仏《ほとけ》や神と対話をし、自己が溶け出して仏や神と一体化する状態、「仏は自己であり、自己は仏である」という状態になっていきます。

仏教では、各地の寺院で仏像を祀《まつ》っています。ユダヤ教やイスラム教から見れば、それは偶像崇拝《ぐうぞうすうはい》として否定《ひてい》されるかもしれませんが、仏像には、やはり意味があるのです。

仏像を本尊《ほんぞん》として安置《あんち》し、それに向かって精神統一をしていると、本尊が自分のなかに入り、自分が本尊のなかに入って、本尊と自分とが一体になってきます。これを「入我我入《にゅうががにゅう》」といいます。自分のなかに本尊が入り、本尊のなかに自分が入って、本尊と自分とが渾然《こんぜん》一体となる境地《きょうち》があるのです。

本来は、仏像なくして、そういう状態に入《はい》れるのが本筋《ほんすじ》ですが、その前段階《ぜんだんかい》の方便《ほうべん》として、まず、心に仏の姿を描《えが》くことができるように、仏をかたどった像の前で、合掌《がっしょう》するなど、さまざまなポーズを取って、精神統一の訓練をするわけです。

心に仏を思い浮《う》かべ、心のなかから、この世的な波動《はどう》、三次元的な波動をどんどん落としていき、自分と仏との一体感を味わうのです（本来の念仏《ねんぶつ》）。

人間の心のなかにある純金《じゅんきん》の部分

そして、仏との一体感を味わうなかで、「自分」と思っていた個性の部分に、実は二種類のものがあることが分かってきます。

それはちょうど、川で砂金《さきん》と石ころを選《え》り分けるような感じです。自分というもの、あるいは、今世《こんぜ》の数十年でつくった、自分の個性と思っているもののなかに、砂金の部分、金色《きんいろ》に光っている部分と、そうでない石ころの部分とがあるのです。

石ころの部分の自分とは何かというと、たいていの場合、肉体的感覚に基《もと》づき、肉体を自分だと認識して生きることによって、つくってきた殻《から》のことです。あるいは、肉体としての自分が生きやすいような選び方をする傾向性です。そういうものが、船の底のカキ殻《がら》のように、たくさん付着しているのです。

これを、瞑想のなかで選《え》り分けていかなければなりません。真実の砂金の部分とそうでない部分を分けていくのです。

その選り分ける作業をしていくと、「仏と我《われ》、我と仏」という関係だけではなく、我なるものと、我以外の、この世に生きとし生けるものとの関係が、次第しだいに分かってきます。

すなわち、地上には、数億、数十億の人々が、さまざまな好《す》き嫌《きら》いを持ち、それぞれ個性的に生きていますが、そういう他の人間のなかに宿っている砂金の部分、金色《きんいろ》に光っている部分が見えてくるのです。

自分の内にある砂金の部分、金色の部分を発見できない人は、他の人のなかにある砂金の部分を発見することは難《むずか》しいのです。瞑想のなかで、自分の内にある純金《じゅんきん》の部分を発見した人は、その同じ目によって、他の人の心のなか、個性のなかにある、金《きん》の部分、金色《こんじき》に光っている部分が見えてくるのです。

そして、「純金性という点において、自と他がつながっている」ということも見えてきます。さらに、「純金性という点において、自分と仏もつながっていて、仏と他の人もつながっている」という世界が見えてきます。

したがって、「何もかもを、この世的に同じに扱《あつか》う」という意味での平等《びょうどう》性や、結果平等における民主主義的な考え方とは違《ちが》った意味での、平等性が見えてくるのです。それぞれの人のなかに宿っている純金の部分、他の人のなかにある金色《きんいろ》の部分が見えてきて、「金としての性質を持っている」という点における同質性、平等性が見え、「平等性智《びょうどうしょうち》」が目覚めてくるわけです。

創《つく》られたものとしての痕跡《こんせき》

さらに、心のなかの内なる目を凝《こ》らして、じっと見ていくと、実は動植物のなかにも金色の部分があることが見えてきます。動物にも心があり、植物にも心があることが、非常によく見えてくるのです。

鎌倉《かまくら》時代の僧侶《そうりょ》に、名僧《めいそう》と言われた、華厳宗《けごんしゅう》の明恵《みょうえ》（一一七三—一二三二）という人がいますが、この人は霊能者《れいのうしゃ》だったようです。

彼《かれ》に関する文献《ぶんけん》を読むと、次のようなことが書いてあります。

あるとき、夜も更《ふ》けて、炉《ろ》ばたで眠《ねむ》っているような姿勢《しせい》で坐《すわ》っていた明恵が、弟子《でし》に、「ああ、かわいそうに。もう喰《く》いついたかもしれぬ。今、大湯屋《おおゆや》の軒《のき》の巣のスズメが蛇《へび》に呑《の》まれそうになっているから、灯《ひ》をつけて急いで行き、追い払《はら》え」と言うので、弟子が「本当かな」と思って裏《うら》に行ってみると、まさしく、蛇がスズメを呑み込《こ》もうと狙《ねら》っているところであったというのです。明恵は、暗闇《くらやみ》で遠方のことまでが見えたということです。

これは、霊能体質であれば、そのとおりなのです。本当によく分かるのです。

そういうたぐいのことはたくさんあります。

ただ、霊能体質であっても、この世的に、あまりガサガサした状態だと分からないのですが、瞑想状態に入ると、そういうことが非常によく分かるのです。

深い瞑想に入ることによって、さまざまな世界とつながっていき、いろいろなものが見えてきます。動物の心の動きも分かるし、植物の考えや気持ちまで分かってきます。深い深い定《じょう》に入っていくと、そこまで通じてくるのです。

そして、何十キロも何百キロも離《はな》れた所にいる人の考えていることや思っていることが、何らかの縁《えん》があれば、その縁を通じて分かってきます。「この人は、今、こういうことを考えているのだな」ということが、すっと入ってくるのです。

私の場合は、例えば、ある国の大統領《だいとうりょう》が、今何を考えているかを知ろうと思えば、天意《てんい》の許《ゆる》す範囲《はんい》で知ることができます。コンピュータにアクセスして情報を取るように、その人の考えていることが見事に分かるのです。あまり関心を持ちすぎると、大変な情報が入ってきて困《こま》るほどです。

このように、自分の内のほうへ深く入っていくと、実はそのなかに、無限の宇《う》宙《ちゅう》へと伸《の》びている道があるのです。無限の宇宙から各人のなかへとつながっているものがあるのです。

それは結局、人間以外のものも含《ふく》めて、この地上に存在が許されているすべてのものには、被造物《ひぞうぶつ》、すなわち創《つく》られたものとしての痕跡《こんせき》があるということです。人間であれ、動物であれ、植物であれ、みな、創られたものとしての痕跡があるのです。

創られたものとしての痕跡とは、その生き物をあらしめようとする力が宿っているということです。犬であろうと猫《ねこ》であろうと人間であろうと、男であろうと女であろうと、存在にはすべて、それをそのようにあらしめようとする力が宿っているのです。

そのあらしめようとする力は、「仏性《ぶっしょう》」という言葉で呼《よ》んでもよいのですが、表れ方においては、心の法則として表れています。すべての存在が、心の法則を持ち、その心の法則に則《のっと》って生きているということが、創られたものとしての痕跡なのです。

3　心の自由性

悟《さと》った人の特徴《とくちょう》

かつて、中国仏教形成の第一人者といわれる天台智顗《てんだいちぎ》（五三八―五九七）も説《と》いたことですが、人間は、さまざまな心の状態を出すことができます（一念三千《いちねんさんぜん》）。

例えば、人間の性格について、「穏《おだ》やかな人である」「寛容《かんよう》な人である」「知的な人である」「熱心な人である」など、いろいろな定義の仕方があり、それぞれの人について、いちばん特徴《とくちょう》的な性格というものがあります。

しかし、「ある人には備《そな》わっているが、別の人には完全に欠《か》けている」という性格はないのです。その量の多少や傾向《けいこう》性の違《ちが》いはあっても、どのような人も、さまざまな素質を同時に兼《か》ね備えています。

おとなしい人だからといって、絶対に怒《おこ》らないかといえば、そんなことはありません。おとなしい人でも、どんどん問い詰《つ》められたりすれば、怒り出すことはあります。また、怒りっぽい人だからといって、いつも怒っているかといえば、そんなことはありません。穏やかで優《やさ》しいときも、やはりあります。

そのように、表れ方にでこぼこはあり、優劣《ゆうれつ》はありますが、「十界互具《じっかいごぐ》」（拙《せっ》著《ちょ》『太陽の法』第２章参照）といわれるように、すべての人のなかに、仏の世界、如来《にょらい》の世界、菩薩《ぼさつ》の世界、あるいは地獄《じごく》の世界など、さまざまな世界に通じるような、心の働きがあるのです。そういう心の可能《かのう》性があり、どのように〝チャンネル〟を合わせていくかという点に自由性が与《あた》えられているわけです。

この自由性が与えられていることを知り、それを見事に自分の手中《しゅちゅう》に置いて、コントロールすることのできる境地が、悟《さと》った人の特徴です。

したがって、「今、自分の心はこういう状態にある。こういう原因によって、こういう結果になっているのだ。そして、今後、このように考えれば、こうなるであろう」ということが自己認識《じこにんしき》できるようになること、さらに、「自分の心の作用が、他の人にどのような影響《えいきょう》を与えているか。世界にどのような影響を与えているか。また、霊界にどのような影響を与えているか。あるいは、自分や世界の未来にどのような影響を与えていくか」というところまで認識していくことが大事です。

本当の意味で、心の法則をつかみ、心の自由性を獲得《かくとく》することが、悟りたる者であることの第一条件なのです。

想念《そうねん》は磁石《じしゃく》のように世界に影響《えいきょう》を与《あた》える

幸福の科学の書籍《しょせき》には、成功の法則もいろいろ書いてあります。成功、あるいは発展《はってん》、繁栄《はんえい》というものも、仏神《ぶっしん》が創《つく》った宇宙の要素の一つであり、宇宙のなかに遍満《へんまん》し、至《いた》る所にある要素です。

この繁栄の想念《そうねん》を常《つね》に発信し、形成していくと、それは、ちょうど磁石《じしゃく》のようになって、周りの世界に影響《えいきょう》を与《あた》えていきます。

砂鉄《さてつ》を紙の上に撒《ま》いて磁石を近づけると、砂鉄が磁石に引きつけられ、見事な波紋《はもん》を描《えが》きます。それと同じように、繁栄という方向に向かって、ある人が〝電《でん》磁波《じは》〟を出し始めると、その電磁波に合わせて、成功の要素になるものが集まってくるのです。アイデア、協力者、お金など、さまざまな成功の要素が、その力によって、ぐっと引き寄《よ》せられてきます。

このように、心の作用というものは実体を持っているものなのです。どのような心を持つかによって、自分自身が変わり、その変わった自分は、一種の磁石のような作用を持ち、一つの創造性《そうぞう》を持ちます。その創造性は、自分自身の現在および未来を変えていき、さらに、他の人の未来をも変えうる力を持ちます。そして、それは自分と他の人を変えるのみならず、同時に世界をも変え、宇宙にも影響を与えていくのです。

正しい方向を教えることが仏弟子《ぶつでし》の仕事

私は、自分の悟った内容を、法話《ほうわ》として説いたり、本として出したりして、いろいろなかたちで、みなさんにお伝えしています。その仏法真理《ぶっぽうしんり》の本は、一冊《さつ》一冊が巨大《きょだい》な〝磁石〟です。そういう磁石が何百万の単位で世の中に出ていき、人々の心を変えていくのです。

その磁石に引きつけられた人は、その人自身もまた磁石に変わっていきます。それはちょうど、長いあいだ磁石にくっついていた鉄が、それ自体もまた磁石となって、ほかの鉄をくっつけるようになるのと同じです。磁石そのものが、他のものをまた磁石に変えていく力を持っているのです。

伝道も、結局、こういうことなのです。「心の法則を伝えたい」という熱意そのものが磁石となって、心の法則が伝わっていきます。そして、心の法則を知り、その使い方をマスターした人は、この世において、真実の人生、幸福な人生を生きられるようになります。さらに、それを自分で味わって幸福な感覚を得た人が、また新しい磁石となって、それを発信していきます。これが伝道の過程《かてい》なのです。

これは幸福になる方法の話ですが、その反対の場合も当然あります。世の中には破壊《はかい》的な想念を持った人もいます。そういう破壊的な〝逆磁石《ぎゃく》〟を持った人が出てくると、それによって多くの人が不幸になることもあります。

特に、非常に破壊的な想念を持った人が、政治的な指導者や思想的な指導者となり、高い立場、指導的立場に立った場合には、本当に逆磁石になって、すべてのものを破壊し、狂《くる》わせていきます。世の中にはそういうこともあるのです。

そのような逆磁石の働きは、何千年、何万年にもわたって続いています。それと戦い、正しい〝北極星〟のありかを示《しめ》し、「北の方向はこちらである」ということを教え続けているのが、神の使徒《しと》であり、光の天使であり、如来《にょらい》や菩薩《ぼさつ》なのです。

力だけで比《くら》べると、どちらも強いように見えて、真理はどちらなのかが分かりにくいこともあります。しかし、明らかに北は北なのです。その正しい方向を教えることが仏弟子《ぶつでし》としての仕事でもあるわけです。

自主的に守る「戒《かい》」と共同生活のルールである「律《りつ》」

心というものは自由性を持っており、その方向性は自由自在です。それが一定のよい方向に向かうことによって、いっそう集中度が高まり、念《おも》いの実現性が高くなります。

例えば、念いを繁栄《はんえい》という方向に絞《しぼ》り込《こ》めば繁栄が現れ、智慧《ちえ》という方向に絞り込めば智慧が現れ、精進《しょうじん》という方向に絞り込めば精進が現れます。一つの方向に向かって絞り込めば、それが実現してくるのです。

したがって、各人がそれぞれ、「自分はこういうことをしよう。しかし、こういうことはすまい」という、自分に合わせた戒《いまし》めを持つことが大切なのです。

仏教には「戒《かい》」というものがあります。これは、交通ルールのようなものとは違《ちが》って、各人が自分で「これを守ろう」と設定するものです。

例えば、「今年《ことし》は毎月一冊、仏法真理の本を読もう」という誓《ちか》いを立てれば、それはその人にとっての戒になります。

そして、毎月読むことにしていたのに、「今月は読みそこねた」ということになれば、それは破戒《はかい》、すなわち戒を破《やぶ》ったことになります。ただ、それに対する罰則《ばっそく》は何もありません。戒には罰則はないのです。

しかし、戒めを破ったことに対して、自分自身が深い慙愧《ざんき》の念、後悔《こうかい》の念を味わい、「こんなことではいけない。もっともっと自分を強くしなければいけない。自分を鍛《きた》えなくてはならない」と思うわけです。それによって、修行《しゅぎょう》が進んでいくのです。

戒と聞くと、普通《ふつう》は「不自由なもの」と考えがちですが、本当はそうではなく、各人が自分の修行のレベルに合わせてつくっていくものなのです。

釈迦《しゃか》教団において在家《ざいけ》の信者に授《さず》けられていた「五戒《ごかい》」（不殺生《ふせっしょう》・不偸盗《ふちゅうとう》・不《ふ》邪婬《じゃいん》・不妄語《ふもうご》・不飲酒《ふおんじゅ》）も、「五つ全部を守らなければいけない」というものではは必ずしもなく、「まず、どれか一つだけでも守りなさい。二つ守れるなら二つ守りなさい。三つなら三つでもよろしい。五つ全部守れるなら、さらによろしい」というかたちでした。したがって、たくさん守ろうと思う人は、百戒でも二百戒でもよかったのです。

そのように、自分を向上させるために、自主的に立てて守っていこうとするものが戒なのです。

これに対して、罰則のあるルールとして、「律《りつ》」というものがあります。これは、出家《しゅっけ》教団における共同生活のためのルールです。

現代でも、学校の寮《りょう》などに入ると、「起床《きしょう》は××時です」「食事は××時です」「門限は××時です」「消灯は××時です」などの規則があり、「これを守らないと、寮から出てもらいます」ということになります。このような、罰則付きのルールのことを律というのです。

共同生活のなかで、お互《たが》いに修行の邪魔《じゃま》をしないようにするために、「このルールを守る範囲内《はんいない》においては、お互いに相手の権益《けんえき》を侵害《しんがい》することなく、自由を満喫《まんきつ》できる」という共通項《きょうつうこう》を定め、それを律と呼《よ》んだのです。「この律を守っていれば、共同生活が可能である。律に定めがない範囲では、自由に行動して構《かま》わない」ということだったわけです。

そして、律に反した場合には、その程度に応じて、いろいろな罰則がありました（例えば、一週間の反省行《はんせいぎょう》とか、教団追放など）。

このように、仏教には戒と律があり、戒は自由なものだったのですが、律は共同生活に即《そく》したルールであり、違反《いはん》すると罰則があったのです。

律は出家者にはありましたが、在家にはありませんでした。在家の人たちが守るのは戒だけであり、罰則はなかったのです。戒は自主的なものであり、「なるべく守ろうと努力してください。守れなかった場合には、反省して、もう一度、頑張《がんば》ってみましょう」というものであったわけです。

戒の内容は、仏教的精神に則《のっと》った方向のものであれば何でもよく、各人が自分で考えていました。現代的に言えば、「毎日、運動をしよう」「食べすぎないようにしよう」「寝《ね》すぎないようにしよう」というものでも戒になります。

そのように、戒は自由なものであり、罰則は特にありませんでした。これが仏教教団のあり方です。

自由には、放縦《ほうじゅう》、すなわち、「ほしいままに何でもできる」という意味での自由ももちろんありますが、もう一つ、「自分で自分をコントロールする。自分で目的性を持ち、方向性を決める。自分で一定の範囲を定め、そのなかで生活していこうと決める」という意味での、意志を含《ふく》んだ自由もあります。

この意志を含んだ自由は、責任を伴《ともな》う自由であり、非常に責任感溢《あふ》れる自由です。このような、責任感に裏打《うらう》ちされた自由論が仏教の本質なのです。

「お互いに迷惑《めいわく》をかけずに、思う存分《ぞんぶん》に修行をして、心の法則をマスターしよう。自分自身の心の奥《おく》にある、宇宙につながっているものを手に入れよう」というスタイルであったわけです。

仏教は自由で寛容《かんよう》な教え

仏教の教えの特徴《とくちょう》としては、「自由」と「平和」の二つがあります。

仏教は、一つには、非常に自由な教えであり、決して不自由なものではありません。それは教義においても当てはまります。

釈尊《しゃくそん》の没後《ぼつご》二千五百年のあいだに、仏教教団にはいろいろな教派《きょうは》が数多く出ましたが、そのなかには、仏陀《ぶっだ》が説《と》いた教えとは正反対のことを唱《とな》えているものもあります。それを許容《きょよう》するほど、仏教は器《うつわ》が大きいのです。

仏陀が説いた教えのなかから一部分のみを取り出して、それを宣《の》べ伝える人が、あちこちに出たのですが、それを許容するものが、仏教にはもともとあったのです。

例えば、日本の鎌倉期《かまくらき》には、「坐禅《ざぜん》こそが仏教だ」と説いた人（道元《どうげん》〔一二〇

○—一二五三）もいます。確《たし》かに、釈迦《しゃか》仏教にも坐禅はありましたが、仏陀の教えは坐禅しかなかったわけではなく、心の教えもあり、さまざまなものを含んでいました。

また、「念仏《ねんぶつ》こそが仏教の本質である」（「仏教は念仏である」とも）と説いた人（法然《ほうねん》〔一一三三—一二一二〕・親鸞《しんらん》〔一一七三—一二六二〕）もいます。その念仏とは、「南無阿弥陀仏《なむあみだぶつ》」と口で称《とな》えることを指《さ》すようですが、もともとの念仏の意味は、そういうことではありませんでした。

本来の念仏とは、本章の２節で述べたように、「仏《ほとけ》の姿《すがた》を心に思い浮《う》かべ、仏と一体になっていく。仏を念じて仏と一体化する」ということであり、「南無阿弥陀仏」と称えることではなかったのです。

ただ、これも、「南無阿弥陀仏」と言葉で表《あらわ》す過程において、仏と一体化していくことはありうるので、完全に否定《ひてい》することはできません。

あるいは、日蓮宗系《にちれんしゅうけい》の一部の教団では、「『法華経《ほけきょう》』こそが正しい教えである」と言って、それを行動の原理、折伏《しゃくぶく》の原理としています。確かに、釈迦教団においても、間違《まちが》ったものに対して厳《きび》しく破折《はしゃく》した面があったことは事実です。

そういう意味で、仏教はさまざまな面を持っていました。仏教には、さまざまな面についての寛容《かんよう》さがあったのです。それが、仏教の二千数百年の流れのなかで、多様な教えや新しい宗祖《しゅうそ》が数多く出てきたことの理由です。そのすべてをのみ込み、ガンジスの河《かわ》のように滔々《とうとう》と流れてきたのが、仏教の教えなのです。

なかには、仏陀の説いた教えとは逆様《さかさま》のことを説いている場合もあり、川が逆流することまで許《ゆる》しているようにも見えます。

4 心の平和

現代人が求めている「心の静寂《せいじゃく》」

仏教のもう一つの大きな特徴《とくちょう》として、平和を非常に強く求める面があります。ここで言う平和とは、心の平和です。仏教は、心の安らぎというものに対して、この上ない価値《かち》を認《みと》めているのです。

三次元的に言えば、あるいは現代的に言えば、「これをやって、これだけの成果があがった」「これをして、○○を手に入れた」ということが、勝利感、達成感であり、幸福感であることが多いと思いますが、幸福はそういうものだけではありません。

仏教的幸福のなかには非常にクワイエット（静寂《せいじゃく》）な面があります。それは、「非常に静かな、穏《おだ》やかな境地に幸福を感じる」というものです。ちょうど、山のなかの澄《す》んだ湖面のような静寂です。「澄んだ湖面のように、波一つ立たず、鏡のようになっている、そういう心の状態に対して幸福を感じる」というところが、非常に大事なポイントなのです。

これは、忙《いそが》しい現代人にとって、まったく正反対の価値観のようにも見えますが、本能的には、誰《だれ》しも、それを求めてはいるのです。「非常に忙しく仕事をしているなかにあって、オアシスのような一時《ひととき》を求めている。しかし、手に入らずにいる」という人が大部分でしょう。

そのため、心のオアシスを求めて、ある人は宗教《しゅうきょう》の世界に入り、ある人は学問の世界に生き、ある人は自然に親しむことを趣味《しゅみ》としているわけです。

現代人は、心の静寂や穏やかさといった平和な境地を楽しむことの大切さを、本能的に知ってはいるのですが、それが実際にどれほどの価値を持っているかは、なかなか、つかみ切れていないのです。

霊界《れいかい》の次元の大地をつくっているものとは

心の平和というものは、非常に深い価値を持っています。

霊界《れいかい》には、四次元、五次元、六次元、七次元、八次元、九次元と、何重にも次元構造があり、各次元のなかに、さらに精妙《せいみょう》に分かれた段階《だんかい》があります（前出、『太陽の法』第1章参照）。この次元構造の壁《かべ》、あるいは次元の大地をつくっているものこそが、実は心の平和の部分なのです。

その世界に住んでいる人が、どれだけ平和な心を持っているかによって、次元が分かれているわけです。平和な心とは、別の言葉で言えば、揺《ゆ》れない心、不動の心です。そこに住んでいる人たちの心の波動《はどう》、心の波長が一定しているところに、その霊界の階層《かいそう》ができてくるのです。

したがって、たとえ七次元の住人であっても、心が非常に揺れ、喜怒哀楽《きどあいらく》が大きくぶれて、まるで地獄《じごく》の鬼《おに》さながらの心境《しんきょう》になったような場合には、たちまち、足元の大地がパカッと開《ひら》いて、その人は下の次元まで落ちてしまいます。まるでエレベーターで降下するように、あっという間に転落してしまい、元の世界には住めなくなるのです。

そのように、心の平和を維持《いじ》する能力が次元の壁をつくっているのです。そのため、一定のレベル以上、心の平和を維持する力がないと、その世界にとどまることができません。

下の次元に行くほど、想念《そうねん》は荒《あ》れ、心の波長が非常に荒れています。

四次元世界は三次元世界に近い所にあり、非常にこの世に近い波動を持っています。四次元世界に住んでいる人たちには、肉体がないのに、この世とほとんど同じような生活をしている人が多いのです。

また、地獄界にいる人たちは、ほとんど、この世的な価値観に惹《ひ》かれている人ばかりです。彼《かれ》らはこの世の地面への執着《しゅうちゃく》が取れず、そこから逃《のが》れられないでいます。彼らは常《つね》に〝重力〟がかかっていないと生きていけないのです。

そして、地上の人間に取り憑《つ》き、地上の人間と同じような趣味嗜好《しゅみしこう》を持って生きている人がたくさんいます。憑依霊《ひょういれい》になって、五年も十年も二十年も一緒《いっしょ》に住んでいられるということは、憑依している相手と価値観がまったく同じなのだと思います。そういう生き方をしている人もいます。

彼らは、精妙な波動、安定した平和な波動とは、まったく正反対の生き方をしています。地獄には、条件反射《じょうけんはんしゃ》的で非常に破壊《はかい》的な、ガサガサした想念のなかに生きている人がたくさんいるのです。

心の安らぎを取り戻《もど》す方法

現代社会は非常に忙しい世の中になっていますが、そのなかで、心の安らぎを取り戻《もど》すことがとても大切です。

その方法としては、例えば、独《ひと》り静かに仏法真理の書籍《しょせき》をひもといてみることです。あるいは、坐禅《ざぜん》、瞑想《めいそう》などの経験を経《へ》て、自分自身と対面してみることです。あるいは、反省によって、自分の心に刺《さ》さったとげを一つひとつ抜《ぬ》いていき、インクつぼを引っ繰《く》り返したように真っ黒になってしまった心の染《し》み抜き作業《さぎょう》を、丹念《たんねん》に行《おこな》っていくことです。

また、どうしても自力《じりき》によって心の平和を保《たも》つことができず、反省も瞑想も、とてもできないような状態であるならば、もはや祈《いの》りに頼《たよ》るしかありません。

特に、強力な悪霊《あくれい》である「悪霊《あくりょう》」に取り憑《つ》かれたり、悪魔《あくま》に惑《まど》わされたりしているようなときは、なかなか心の平静を取り戻すことができないのです。

それは、「心が揺れて、考え事がまとまらない。いつも同じところに考えが行《い》ってしまい、心を柔《やわ》らかくしようとしてもできない。執着《しゅうちゃく》から離《はな》れようとしても離れられない。さらに、本来の自分とは正反対の思想が、どんどん頭のなかに入り込《こ》んできて、考え方が逆になっていく」という状態です。

このように、強力な悪魔などに憑かれているときは、残念ながら、反省や瞑想に入《はい》れる状態ではありません。その場合には、強い祈りに頼るしかないので、幸福の科学の支援霊団《しえんれいだん》に対して祈ってみてください。

祈れば必ず助けがやってきます。それは確実です。幸福の科学の信者の場合は、「主《しゅ》への祈り」や「エル・カンターレへの祈り」などで、私に対して祈れば、幸福の科学霊系団《れいけいだん》の誰かが必ず助けに来て、光を入れてくれます。そういう祈りに頼らなければいけないときもあるのです。

忙《いそが》しくても湖面のような澄《す》んだ心を

反省・瞑想《めいそう》・祈りによって、心を穏《おだ》やかに、安らかにすることが大切です。心の穏やかな状態が続けば続くほど、あの世に還《かえ》ったのち、より高次元の世界に生きられることになります。

高次元世界に住んでいる人たちは何も仕事をしていないかといえば、そのようなことはなく、非常に忙《いそが》しく仕事をしています。

仏像のなかには、顔が十一もある十一面観音《かんのん》や、手が千本もあるとされる千手《せんじゅ》観音などがありますが、これは、高次元の霊人《れいじん》が、さまざまな仕事を非常に忙しく行《おこな》っていることを表《あらわ》しているのです。彼らは、あちこちで、たくさんの人を救《きゅう》済《さい》しているので、非常に忙しいわけです。

ただ、どんなに忙しくても、それで心が千々《ちぢ》に乱《みだ》れて不安定になってはいけないのです。高度な仕事をし、幅広《はばひろ》い活躍《かつやく》をしつつも、常に平和な心を維持《いじ》し、澄《す》んだ心でいなければなりません。これは、高次元の霊人に課せられた責務《せきむ》ともいうべきものなのです。

成功にも、成金《なりきん》的な成功とさわやかな成功があるように、忙しく働く人のなかにも、地獄的に働いている人と、千手観音のように天国的に働いている人がいます。したがって、仕事そのものは多忙《たぼう》で大変であっても、いつも山上の湖面のような澄んだ心、平和な心を持っていなければならないのです。

それは、この世においても同じです。

したがって、まず、独りで心を静めることから始めるべきです。

ただ、心を静めた坐禅《ざぜん》の状態というのは、特別な環境《かんきょう》においてのみ行われるものではありません。常にそういう心境を維持できるようになれば、「歩いていても、仕事をしていても、電話をしていても坐禅である。『業務即《そく》坐禅』である」

ということになります。心の修行《しゅぎょう》を続け、自分の心を静めながら、また、自と他の関係、世界の関係、宇宙を貫《つらぬ》く関係をじっと見つめながら、仕事をしていくわけです。

坐禅とは、坐《すわ》ることだけを言うのではありません。禅《ぜん》の心自体が、一日の生活そのものを律《りっ》していくものなのです。

生きながら「涅槃《ねはん》」の境地《きょうち》に入《い》る

心の自由と同時に、心の平和の大切さを知る必要があります。仏教は心の自由と平和の両方を追い求めているのです。

心の平和の境地《きょうち》のことを、仏教では「涅槃《ねはん》」と呼んでいます。死後に還《かえ》る高次元世界、安らいだ天国の世界も涅槃の世界（無余涅槃《むよねはん》という）ですが、そういう天国の世界、如来界《にょらいかい》や菩薩界《ぼさつかい》などの安らぎの世界を、地上に生きていながら手に入れること、生きながらにしてその状態に入《はい》ることも涅槃《ねはん》なのです。

これを「生身解脱《しょうじんげだつ》」といいます。生前《せいぜん》の解脱、すなわち、肉体を持って生きながら、涅槃という安らぎの境地、ニッバーナの世界に入《い》ることです（有余涅槃《うよねはん》という）。

ニッバーナ、あるいはニルヴァーナとは、炎《ほのお》を吹《ふ》き消した状態のことをいいます。この炎とは肉体煩悩《ぼんのう》のことであり、煩悩とは悪《あ》しき精神作用《さよう》の総称《そうしょう》です。

悪しき精神作用とは、要するに、乱れた音楽のようなものだと思えばよいでしょう。波長の乱れたガシャガシャした音楽は、長くは聴《き》けません。それと同じように、非常に乱れた心の状態のままではいられないのです。

煩悩の炎を吹き消した、非常に静かな状態が涅槃の境地であり、そういう心を求めるものが瞑想《めいそう》なのです。

深い瞑想に入っていくと、この世的なさざ波の部分は消え、仏神《ぶっしん》と一体の状態になります。

現象《げんしょう》としては、まず、心が安らいできて、次に、温《あたた》かい光が体のなかに入ってくるのを感じます。さらに、温かい光を感じるだけでなく、輝《かがや》く光そのものが見えてきます。光のかたまりが見え、光の存在が現れて、それが自己と一体になってくるのです。こういう感じがよく分かるようになります。

これが、金色《きんいろ》の仏像などで表現されている状態です。瞑想のなかで、光と一体になる感覚が現れてくるのです。ここまで来ると、かなり確立された涅槃の状態だと言えます。

仏教の理論《りろん》によると、この世において、そういう心の状態をつくれば、高次元世界と同通《どうつう》することができます。生きながらにして、例えば七次元の世界と同通する心をつくれたならば、その世界と行き来できるようになります。その世界の人がこちらに来ることもできれば、こちらからその世界に行くこともできるようになるのです。そして、死後にその世界に還《かえ》ることが確定します。自分の現在の心の状態に応じた世界に、死後、還ることになるのです。これが仏教の理論なのです。

この理論が現実にそのとおりであることは、私の長年の経験で、すでに実証済《じっしょうず》みです。自分の心の状態に合ったものが必ず同通してきますし、その世界が、肉体を去って心だけになったときの自分が行くべき世界なのです。

ただ、高次元世界の波長を出そうとしても、普通《ふつう》はなかなか出せるものではありません。

例えば、楽器の演奏《えんそう》でも、普通の人が「世界一のバイオリニストやピアニストのような演奏をしてみよ」と言われても、それは難《むずか》しいでしょう。演奏の上手《じょうず》な人が「下手《へた》に演奏せよ」と言われれば、できるかもしれませんが、下手な人が「上手に演奏せよ」と言われても、できないのです。

やはり、自分としての最高レベルというものがあり、そのレベルがどの程度であるかは各人の能力によります。そして、練習を積むに従《したが》って、常に最高に近い状態が出せるようになってくるのです。

心の波長も、これとよく似《に》ています。このようなものを求めることが、涅槃《ねはん》を求める心なのです。

5　伝道とは智慧《ちえ》を押《お》し広げること

これまで述《の》べてきたように、仏教には自由と平和という二つの特徴《とくちょう》があり、悟《さと》りのなかには、その両方が入っています。この自由と平和を含《ふく》めた悟りのことを、智慧《ちえ》といいます。

この智慧は個人のものではありません。真実の智慧には普遍《ふへん》性があり、それは人類の共通財であって、公共のものなのです。

仏陀は、自分の悟りを自分一人のものとはせず、悟りの果実《かじつ》としての智慧を、他の人にも分け与《あた》えようとしました。「このようにすれば、悟りを得ることができる。あなたがたも、修行をすれば、仏神《ぶっしん》と一体の状態になれるのだ。その状態を目指しなさい」と、みずからが得た智慧のあり方を教えました。

この智慧を押《お》し広げていくことを伝道と呼んだのです。

そして、智慧を押し広げることは、同時に慈悲《じひ》であり、多くの人々の苦しみや悲しみを取り除《のぞ》く行為《こうい》です。それは、また愛の実践《じっせん》でもあります。慈悲にして愛、愛にして行動の原理が伝道です。これが大事なのです。

仏陀は、智慧を個人のものとせず、人類の共通財産、共通の宝《たから》として、他の人と共有《きょうゆう》しようとしました。これが伝道への熱意になったのです。

真理というものは、より多くの人に理解してもらう必要があります。なぜなら、真理は多くの人を幸福にするからです。

自分は幸福になる方法を知っているのに、それを他の人に教えないということは、やはり情《なさ》けないことだと思います。

真理を知らない人は、ちょうど、「自分の家の庭を掘《ほ》れば、そこから温泉《おんせん》が湧《わ》いてくるのに、それを知らずに、洗面器を持ち、何百メートルもの長い距離《きょり》を歩いて、風呂屋《ふろや》に通《かよ》っている」という人にも似ています。多くの人々が、現にそのような状態にあるのです。

そのため、「庭の下には温泉があるのですよ。その掘り方を教えてあげましょう」と言っているわけです。

これが智慧と慈悲の関係です。

伝道、教化《きょうけ》、布教《ふきょう》といわれるものは、智慧の部分を押し広げていくことです。

それが仏弟子《ぶつでし》の仕事であると言ってよいのです。

6 縁起《えんぎ》の理法《りほう》

原因・結果の縁起は必ず完結する

仏教の悟《さと》りのなかには、これに加えて、「縁起《えんぎ》の理法《りほう》」というものがあります。縁起の理法は、自由と平和のうち、自由の部分と深い関係があると言えます。

縁起の理法には、まず、時間的な縦《たて》の系列《けいれつ》である「時間縁起」というものがあります。原因・結果の流れ、過去《かこ》・現在・未来の因縁《いんねん》の連鎖《れんさ》のなかで、人は生き、社会は流れ、歴史は流れているのです。

みなさんが、今日《きょう》、何をするかによって、みなさんの人生は変わり、みなさんの周りの人の人生も変わります。そして、それによって、世界が部分的に変わっていきます。さらには、みなさんが重要な立場に立てば、みなさんの下《くだ》した判断によって、会社、あるいは社会や国家、世界の方向が変わることさえあります。

このように、未来というものは選択《せんたく》の積み重ねの結果なのです。この重要性を深く認識《にんしき》する必要があります。

仏は、心の自由性と、原因・結果の「縁起の理法」を人間に与えました。心の自由性には、その反面として、必ず責任が伴《ともな》います。したがって、人間は、自分がなした原因行為による結果については、甘《あま》んじて受けなくてはいけません。それは覚悟《かくご》すべきです。

原因に対する結果は、この世においても来ますし、また、この世で縁起が完結しない場合には、この世を超《こ》えた世界において、それは必ず完結します。

この世においては、「努力しても報《むく》われなかった」ということもあるでしょう。その一方で、「努力しなかったのに非常に成功した」という人もいるかもしれません。それだけを見ると、非常に不公平であり、原因・結果の時間縁起が必ずしも働いていないようにも思えます。

しかし、この世において縁起が完結しないからこそ、実は、この世を超えた実在の世界において縁起が完結しているという論理《ろんり》が、そこにあるわけです。

この世において、善人が不幸な死に方をすることもあります。しかし、それは、本当の意味での不幸ではありません。そういう人は天上界《てんじょうかい》において必ず報いられることになっているのです。

この世において、悪人が栄《さか》えるように見えることもあります。しかし、その繁《はん》栄《えい》は永遠のものではありません。それは必ず、大きな執着《しゅうちゃく》となって、来世《らいせ》の苦しみを生むことになるのです。

そのように、この世においては、必ずしも「善因善果《ぜんいんぜんが》、悪因悪果《あくいんあくが》」になっておらず、その正反対に見えるようなことがあります。仏教では、これを「異熟《いじゅく》」といい、その結果のことを「異熟果《いじゅくか》」といいます。

それはいろいろな場面で見られると思いますが、そのような現象《げんしょう》が起きるということ自体が、実は、縁起の理法がこの世で完結せず、来世まで行《い》って初めて完結するということを意味しているのです。

今、述べたことは、人生の終わりについての話ですが、人生の始まりについても同じことが言えます。

「人間はみな仏子《ぶっし》であり、平等《びょうどう》である」と言っても、生まれにおいて違《ちが》いがあります。ある人は金持ちの子に生まれ、ある人は貧乏人《びんぼうにん》の子に生まれます。また、ある人は生まれつき体にハンディがあり、病気を持っていたり、体が不自由だったりします。あるいは、知能や体力に差があります。人間には違いがあり、人間は必ずしも平等ではありません。

これも、現時点だけを見れば、「平等ではない。公平ではない」と思えるのですが、実は、過去世《かこぜ》からの転生輪廻《てんしょうりんね》の結果が、ずっとつながってきているのです。今世《こんぜ》だけで考えると理解できず、説明がつかないものについては、その前の時代から原因行為が始まっていると考えるべきなのです。

そうであって初めて、生まれにおける違いの説明がつきます。もし、そうでないならば、人間はみな、生まれつき同じでなければいけないはずです。しかし、実際には、同じく赤ん坊《ぼう》であるということ以外は、与えられた能力や才能、体質その他について、差があります。今世だけではないものが、そこにあるからです。

生まれてきた時点は、スタートであると同時に結果でもあります。各人の過去の人生における、さまざまな歩《あゆ》みの結果が、今世のスタート点になっている面もあるのです。

因果《いんが》の理法《りほう》は一代では完結せず、無限の過去から無限の未来まで流れているものなのです。

これが時間的な連鎖《れんさ》のなかでの縁起の理法です。

人は支《ささ》え合って生きている

縁起の理法には空間的な面もあります。

人はお互《たが》いに支《ささ》え合って生きています。そういう空間のなかを生きているのです。

「人」という字は、二つの束《たば》ねた麦わらが支え合って立っている姿をかたどったものだとも言われていますが、この文字の形が示《しめ》すとおり、人は相支《あいささ》えている存在です。夫婦《ふうふ》でも、親子でも、友人でも、あるいは職場においても、支え合って生きています。これを「相依性《そうえせい》」といいます。

このように、「人はお互いに依存《いそん》し合って生きている存在だ」ということを知らなくてはいけません。

それはちょうど、日本とアメリカの貿易が連鎖《れんさ》していることにも似ています。日本がアメリカに物を安く売れば、日本人にとって利益になるだけではなく、アメリカの人々にとっても利益になります。そのように、連鎖し、お互いに関連し合って、世界が発展し、繁栄しているのです。

こうした商業行為における縁起がありますが、人間関係においても同じことが言えます。

人がこの世に生きるということは、この世の空間におけるお互いの関係論のなかを生きるということ、すなわち、「空間縁起」のなかを生きるということにほかならないのです。

そして、人が支え合って生きているということは、この世のなかに愛の原理が働いているということを意味しています。

人は、原因・結果の縦《たて》の連鎖のなか、時間の流れのなかにおいて、責任を持って生きなければならない存在であると同時に、横の広がりである空間のなかにおいて、お互いに支え合って生きている存在でもあるのです。

これは、前述した、慈悲《じひ》の行為としての伝道につながっていく面もあります。「お互いに支え合って、この時代をつくり、社会をつくっている。だから、多くの人を救《すく》わなければいけないのだ」ということです。空間縁起から言っても、伝道は非常に大事な行為なのです。

それは、伝道する相手をよくするだけではなく、同時に、自分が住んでいる世界をよくすることでもあり、自分自身をよくすることでもあります。そして、自分をよくすることは、ほかの人をもよくしていき、それはまた、自分が住んでいる世界をもよくしていきます。このように循環《じゅんかん》していくのです。さらに、それは未来をもよくしていきます。

要するに、空間縁起とは、「重重無尽《じゅうじゅうむじん》の人生である」ということなのです。

魚を獲《と》る網《あみ》は、縦と横のロープが結び合ってできています。その十文字《じゅうもんじ》になっている結び目のところが、いわば各人の個性の部分です。それぞれの名前を持っている、この個性の部分が、結び目のところに当たるわけです。

結び目は、一つひとつ別のものではありますが、お互いに縦横《たてよこ》の十文字をつくり、一つの網になって初めて、「魚を獲る」という使命を果たすことができます。

そのように、人間は、共同生活をしながら大きな使命を果たしているのであり、自分一人だけ、結び目一つだけでは仕事ができないのです。

この縦横に全宇宙《ぜんうちゅう》的に結びついているものを、「インドラの網」（帝釈網《たいしゃくもう》）ともいいます。

各人は、大きな網の一部であって、独立《どくりつ》した個人でもありながら、同時にすべてのものと結びついてもいるのです。

そして、その網をつくっているもの自体は、大宇宙の真理であり、大宇宙の仏《ほとけ》の心なのです。

人は、全体のなかの一部でもあり、一部でありながら全体でもあります。一人でありながら一人ではなく、大勢《おおぜい》でありながら、また個人でもあります。それが真実の人生なのです。

7　心の法則を究《きわ》めて生きる

心の法則を中心に、「自由と平和」「智慧《ちえ》と慈悲《じひ》」「縁起《えんぎ》の理法《りほう》」などについて述べてきましたが、実は、これはすべて仏陀《ぶつだ》の悟《さと》りなのです。仏陀の悟りを現代的に説《と》いたわけです。

したがって、心の法則を究《きわ》めて生きようとすること、心の法則を学び、それを実践《じっせん》して生きることが、すなわち、「仏陀と共《とも》に歩《あゆ》む」ということなのです。

仏陀も、その道をかつて歩み、そして、今も歩んでいます。心の法則を究めているかぎり、仏弟子《ぶつでし》として、仏陀と共に歩んでいることになります。「常《つね》に仏陀と共に歩む」という姿勢《しせい》は、常に己《おのれ》の心を見つめ、心を磨《みが》き、心の法則に気をつけながら生きていくということでもあるのです。

本章で述べたことが伝道のよいきっかけになることを祈《いの》ります。

あとがき

第1章に、殺人鬼《さつじんき》ともいわれたアングリマーラの回心《えしん》と救済《きゅうさい》、悟《さと》りの物語をとりあげたのは、仏陀《ぶっだ》の威神力《いじんりき》によって、一切《いっさい》の衆生《しゅじょう》を救《すく》う決意を示《しめ》したのである。

第2章の『罪《つみ》を許《ゆる》す力』では、歴史上のキリストと同じく、「罪を許す力」を、今回の法にとりこむことを示した。

第3章では、悟りとの関連で、禅《ぜん》の本質に肉薄《にくはく》した。頓悟禅《とんごぜん》の祖《そ》、慧能《えのう》が、ここまで批判《ひはん》されたのは、おそらく千三百年ぶりであろう。第4章では私自身の今回の悟りについて語った。

そして第5章では、仏陀としての強い自覚《じかく》を示した。

同時代に仏陀は一人しか生まれない。あなたは、いま、奇跡《きせき》の時代に生きているのだ。さればこそ、勇気と自信をもて。信仰《しんこう》ある限《かぎ》り、私は常《つね》に、あなたと共《とも》にある。

二〇〇二年　十二月

幸福《こうふく》の科学《かがく》グループ創始者兼総裁《そうししゃけんそうさい》　大川隆法《おおかわりゅうほう》

本書は左記の法話をとりまとめ、加筆したものです。

第1章　敵は自分の内にあり
一九九六年七月五日説法
東京都・幸福の科学総合本部

第2章　罪を許す力
二〇〇〇年六月七日説法
東京都・幸福の科学総合本部

第3章　仕事能力と悟り
一九九六年九月十一日説法
栃木県・総本山・正心館

第4章　大悟の瞬間
二〇〇〇年三月二十二日説法
東京都・幸福の科学総合本部

第5章　常に仏陀と共に歩め
――「幸福の革命」講義Part2
一九九八年二月二十二日説法
栃木県・宇都宮仏宝館

『大悟の法』大川隆法著作参考文献

『太陽の法』（幸福の科学出版刊）
『黄金の法』（同右）
『悟りの挑戦（上巻・下巻）』（同右）
『愛の原点』（同右）
『幸福の革命』（同右）

大悟《たいご》の法《ほう》　――常に仏陀と共に歩め――

2003年1月7日　初版第1刷
2020年3月23日　第23刷

著　者　大《おお》川《かわ》隆《りゅう》法《ほう》

発行所　幸福の科学出版株式会社
〒107-0052 東京都港区赤坂2丁目10番8号
TEL(03)5573-7700
https://www.irhpress.co.jp/

印刷・製本　株式会社 堀内印刷所

ISBN978-4-87688-361-5 C0014

大川隆法 法シリーズ・人生の目的と使命を知る《基本三法》

太陽の法

エル・カンターレへの道

創世記や愛の段階、悟りの構造、文明の流転を明快に説き、主エル・カンターレの真実の使命を示した、仏法真理の基本書。14言語に翻訳され、世界累計1000万部を超える大ベストセラー。

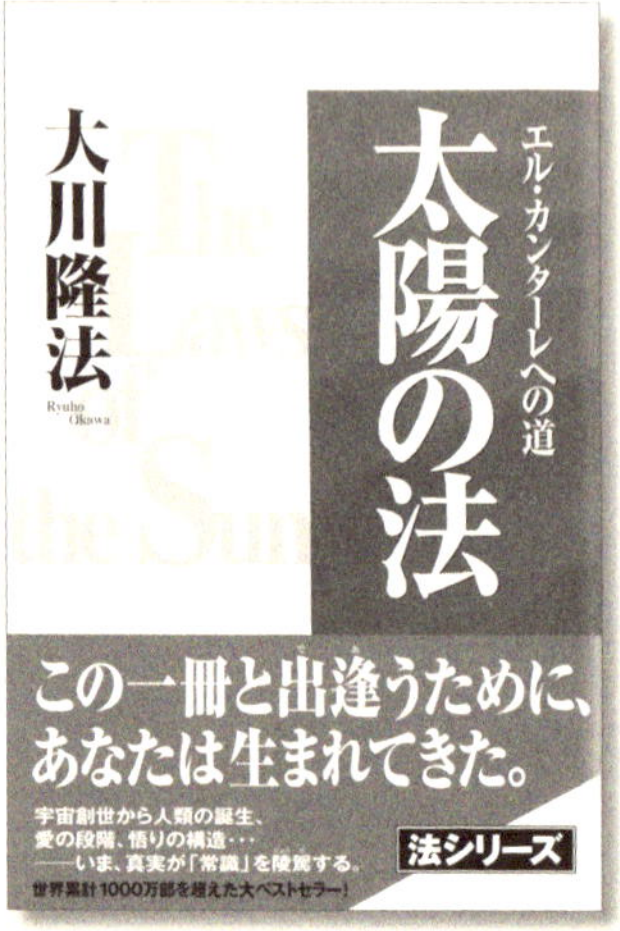

第１章　太陽の昇る時
第２章　仏法真理は語る
第３章　愛の大河
第４章　悟りの極致
第５章　黄金の時代
第６章　エル・カンターレへの道

2,000円

黄金の法

エル・カンターレの歴史観

歴史上の偉人たちの活躍を鳥瞰しつつ、隠されていた人類の秘史を公開し、人類の未来をも予言した、空前絶後の人類史。

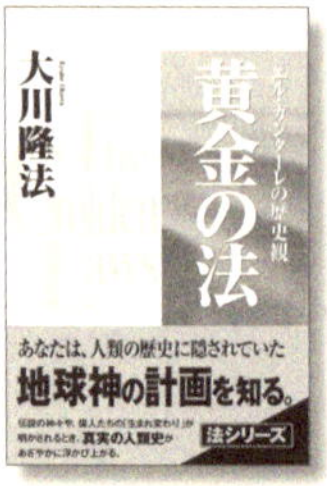

2,000円

永遠の法

エル・カンターレの世界観

『太陽の法』（法体系）、『黄金の法』（時間論）に続いて、本書は、空間論を開示し、次元構造など、霊界の真の姿を明確に解き明かす。

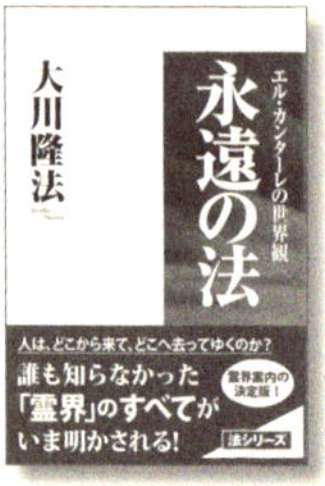

2,000円

※表示価格は本体価格（税別）です。

大川隆法ベストセラーズ・法シリーズ

鋼鉄の法

人生をしなやかに、力強く生きる

自分を鍛え抜き、迷いなき心で、闇を打ち破れ──。人生の苦難から日本と世界が直面する難題まで、さまざまな試練を乗り越えるための方法が語られる。

2,000円

青銅の法

人類のルーツに目覚め、愛に生きる

限りある人生のなかで、永遠の真理をつかむ──。地球の起源と未来、宇宙の神秘、そして「愛」の持つ力が明かされる。

2,000円

信仰の法

地球神エル・カンターレとは

さまざまな民族や宗教の違いを超えて、地球をひとつに──。文明の重大な岐路に立つ人類へ、「地球神」からのメッセージ。

2,000円

大川隆法ベストセラーズ・**仏陀の本心を知る**

仏陀再誕

縁生の弟子たちへのメッセージ

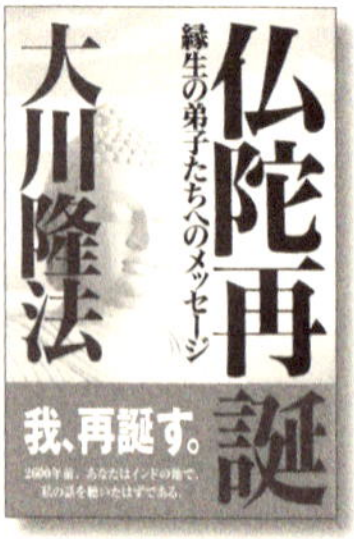

我、再誕す。すべての弟子たちよ、目覚めよ──。2600年前、インドの地において説かれた釈迦の直説《じきせつ》金口《こんく》の教えが、現代に甦る。

1,748円

永遠の仏陀

不滅の光、いまここに

すべての者よ、無限の向上を目指せ──。大宇宙を創造した久遠仏が、生きとし生ける存在に託された願いとは。

1,800円

沈黙の仏陀

ザ・シークレット・ドクトリン

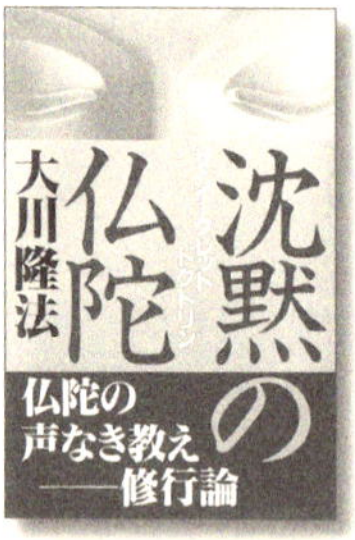

本書は、戒律や禅定などを平易に説き、仏教における修行のあり方を明らかにする。現代人に悟りへの道を示す、神秘の書。

1,748円

釈迦の本心

よみがえる仏陀の悟り

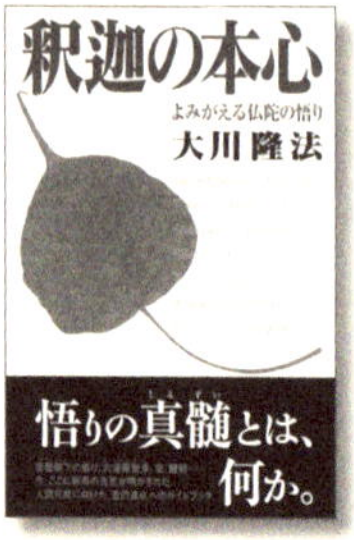

釈尊の出家・成道を再現し、その教えを現代人に分かりやすく書き下ろした仏教思想入門。読者を無限の霊的進化へと導く。

2,000円

※表示価格は本体価格(税別)です。

幸福の科学　入会のご案内

あなたも、ほんとうの幸福を
見つけてみませんか？

幸福の科学では、大川隆法総裁が説く仏法真理をもとに、
「どうすれば幸福になれるのか、また、
他の人を幸福にできるのか」を学び、実践しています。

入会

大川隆法総裁の教えを信じ、学ぼうとする方なら、どなたでも入会できます。入会された方には、『入会版「正心法語」』が授与されます。（入会の奉納は1,000円目安です）

ネット入会　入会ご希望の方はネットからも入会できます。
happy-science.jp/joinus

三帰《さんき》誓願《せいがん》

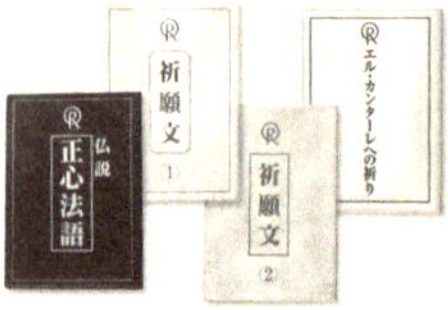

仏弟子としてさらに信仰を深めたい方は、仏・法・僧の三宝への帰依を誓う「三帰誓願式」を受けることができます。三帰誓願者には、『仏説・正心法語』『祈願文①』『祈願文②』『エル・カンターレへの祈り』が授与されます。

植福《しょくふく》の会

植福は、ユートピア建設のために、自分の富を差し出す尊い布施の行為です。布施の機会として、毎月1口1,000円からお申込みいただける、「植福の会」がございます。

ご希望の方には、幸福の科学の小冊子（毎月1回）をお送りいたします。詳しくは、下記の電話番号までお問い合わせください。

月刊「幸福の科学」

ザ・伝道

ヤング・ブッダ

ヘルメス・エンゼルズ

What's 幸福の科学

INFORMATION
幸福の科学サービスセンター
TEL. 03-5793-1727（受付時間 火〜金：10〜20時／土・日・祝日：10〜18時〔月曜を除く〕）
幸福の科学 公式サイト **happy-science.jp**